U0119149

THE MOMENT OF LIFT

How Empowering Women Changes the World

提升的時刻

梅琳達・蓋茲 著
MELINDA GATES
李建興 譯

推薦序一

這股溫柔的力量，人類需要！

鄭志凱

她今年五十五歲，跟世界首富比爾．蓋茲結婚二十五年。二十五年裡，她扮演了三個角色：先是微軟的高階主管，在比爾手下掌管一千七百名員工，婚後只繼續了兩年時間，因懷孕而辭去工作。接著她在家庭裡扮演全職母親，七年間生養三個子女，在家庭中擔任時間警察，全家出門時，不時需要督促比爾丟下手中的書本，趕緊上車。二〇〇〇年開始，比爾將原本以父親為名的基金會改為「比爾與梅琳達．蓋茲基金會」，由她和比爾擔任共同董事長，她才逐漸從家庭走向世界，從幕後走向台前。

這本書是梅琳達．蓋茲參與基金會二十多年，走遍地球上最貧窮的黑暗角落，看盡社會最底層的悲慘景況，最後決定走向備受矚目的聚光燈，以女性眼光，寫出她個人的第一本書。

除梅琳達之外，最近幾年還有兩位女性領袖分別出書，都登上暢銷書排行榜。二〇一三年臉書營運長桑德伯格出版《挺身而進》（*Lean In：Women, Work and the Will to Lead*），鼓勵女性在職場上奮力一搏，不讓鬚眉。二〇一八年前美國第一夫人蜜雪兒．歐巴馬出版《成為這樣的我》（*Becoming*），述說一位黑奴後代成為白宮女主人的現代神話故事。雖然同是女性觀點，梅琳達卻跳出家庭、職場甚至國家的周界，將關懷投向全世界被貧窮剝奪希望、又被傳統男性文化裝上銬鐐的苦難女性。

這三位女性雖然能力、學歷、經歷樣樣傲人，但在現實生活中仍然扮演輔佐的角色。一位是全球最大社群媒體的二把手，一位是全球第一強國的第一夫人，一位是全球首富的配偶。她們傑出的表現以及高分貝對女性同胞的支持，被女性主義者視為榜樣，但對某些男性沙文主義者而言，這又是一個女性不過是男性一根肋骨的證明。

其實男女戰爭最短兵相接的戰場不在公司，不在政壇，而在家庭。梅琳達十分幸運，比爾生長在父親主張「最傑出的觀念就是女性享有男性所有的權利」的家庭裡，因此雖然貴為全球最大軟體公司的執行者，卻樂意一週兩次接送小孩上下學，有空還自願洗碗。

即便如此，也要等到梅琳達在致力改善全球女性所遭遇的極度不平等待遇多年之後，才真正領悟到：如果女性不能面對自己的恐懼和缺陷，她與比爾的婚姻中如果不能做到夫妻平等，便無法在世界上捍衛性別平等。

於是梅琳達努力克服害羞，拿起麥克風，開始代表基金會發言。二〇〇六年華倫・巴菲特宣布捐出三百億美金給蓋茲基金會，記者會裡，梅琳達在三人中最能回答基金會的計畫和工作細節。由此她得到一個關鍵性的認知：只有平等的夥伴關係，才是對自己、比爾和基金會最健康的關係。

可是從名義上的平等到實質上的平等還要走很多年。二〇一二年比爾開始撰寫基金會的年度報告，標題是「比爾・蓋茲年度報告」，經過梅琳達不斷爭取，二〇一三年維持同樣標題，但加入一篇梅琳達具名的文章。二〇一四年改名為「蓋茲年度報告」，梅琳達動手寫了三分之一。直到二〇一五年，標題才改為「二〇一五年蓋茲年度報告——我們對未來的大賭注——比爾與梅琳達・蓋茲。」。這段從「他」的年報進化成「我們」的年報的過程，總共花了四年時間。

梅琳達的女性觀點，不是機械式的男女平等，而是有機式的夥伴關係。她和比爾協議不分割在基金會的責任，兩人都共同參與所有議題。她不強調女性具備若干比男性優越的特質，卻反對社會由男性主宰。她不曾站在道德制高點上指責男性，只是很務實的說：如果女性的力量能夠獲得提升，當今的世界會更好；如果女性的需求能被傾聽，許多社會問題可以獲得改善的契機。

例如許多非洲國家缺乏節育資源，造成婦女多孕多產，因此難以從事營生，家庭經濟無法改善，產後環境惡劣，嬰兒死亡率高，只好不斷懷孕以為補償，結果落入惡性循環的陷阱。

或是印度的童婚習俗。全球每年有一千四百萬未滿十五歲的少女被迫成婚，不乏年幼到只有五歲。她們身心尚未成熟，多半被剝奪了受教育的機會，婚後在家庭裡一無地位，懷孕分娩時風險遠比成年婦女為高，一旦健康受損，從此在家中只能遭受豬狗不如的待遇。

還有，貧窮的社會多是農業社會，也是女性最受歧視的傳統社會。因為如此，女性生產力不能得到發揮，女性報酬遠比男性為低，甚至對農作物品種的選擇男女都有差異，以致於農作生產力難以提高。例如稻米，婦女喜歡煮熟不需太長時間、收割時不需彎腰的品種，烹飪和收割都是女性的工作，稻米品種卻是男性的決策，女性的需求，男性可曾顧及？

但閱讀此書時，如果只看到女性主義的訊息，從而擷取女性力量的養分，不免有些可惜。這也是一本談論苦難和救贖之書。擁有者面對匱乏者，應該具備什麼心態？面對資源匱乏，提供資源是否就能解決問題？面對知識匱乏，殖民似的文明可能生根？面對苦難，我們可以讓自己心碎嗎？不心碎是否等於冷酷？心碎後，還能產生力量？

面對世間的種種苦難，梅琳達和比爾不免流淚，也因而憤怒，希望正義獲得伸張，惡人受到應有的懲罰。但梅琳達從多年社會運動中得到的領悟是：要引發內心革命，必須要讓自己心碎，沈浸在憤怒下的痛苦。只有接受苦難，受傷才不致於轉為仇恨，或者悲哀抑鬱，終於致禍。也只有在不敵對不喪志的心理之下，才能接納社會裡所有人，協助每一個人成為貢獻者，這樣，社會的變革才能持久。

暢銷書作者葛拉威爾曾經如此點評：五十年後地球上沒人記得喬布斯，沒人記得微軟，但世人還會懷念比爾．蓋茲，敬仰他五十年前所投入的慈善事業。這話看來只說對了一半，讀完梅琳達這本半回憶錄似的女性之書，也許應該修改為：「大家都會懷念比爾，以及和他肩並肩、推動慈善事業的最佳夥伴——梅琳達．蓋茲」。

推薦人簡介——鄭志凱

矽谷 Acorn Pacific Ventures 創投基金共同創辦人。縱橫美中台三地，創投業務廣泛，從網路、生技產業到社會企業。因創投業務廣泛接觸三江五湖能人志士，近距離觀察產業更迭。著有《小國大想像》（臉書專頁）及《錫蘭式的邂逅》二書。

推薦序二

二十一世紀女性主義者梅琳達・蓋茲

顧燕翎

探索人類歷史上首見的婦女運動和女性主義，充滿了挑戰和啟發，讓我看到兩百年來，多少女性為了改變個人和集體的命運，一棒接一棒，前仆後繼。在過程中，許許多多小浪花匯聚為大潮流，沖倒一堵堵圈馭女人的柏林圍牆。於是女性終於可以進學校，可以投票，可以向銀行貸款，可以做總統了，而同時制裁性別暴力、保障同工同酬和平等婚姻關係的法律也一一出爐。

只是進步的表相下仍黑影幢幢，藏在暗處的敵意和恐嚇使得大部分女人怯於公開表達不同意見，不敢在夜間獨自行走暗巷，反抗性暴力、性騷擾的 #MeToo 雖造成全球迴響，反撲卻也隨時伺機而動，婦運創造的新資源、新權力也創造了內部新的鬥爭……。有時我不免納悶，女性主義的理念能通過人性的殘酷考驗嗎？亦或平等互愛只是可望而不可及的夢想？梅琳達・蓋茲二〇一九年出版的《提升的時刻》像適時綻放的美麗花朵，點燃了柳暗花明的新希望。

梅琳達自稱年輕時不懂女性主義，也不認為自己是女性主義者，生下女兒後，沒有多想便辭職回家做專職媽媽，以為理應如此，然後利用零碎時間做一點自家公益基金會的幕後工作。她自認膽小害羞，不喜歡拋頭露面，寧願默默打點事務，而由先生對外公開發言。二十二年後，她從幕後走到台前，發出自己的聲音，不僅宣示認同女性主義，並且自豪將兒子教導成女性主義者。仔細檢視她的所思所想和所做所為幾乎都是女性主義理念的最佳實踐。在這本自傳性的書中，梅琳達帶領我們進入她的生活和內心世界，坦誠告訴我們，在這期間發生了什麼事，她如何改變自己，如何和富豪丈夫協商平等關係，如何改變世界。

即使她自己不曾察覺，也未主動追尋，生於一九六四年的梅琳達可以說是十九世紀以來許多世代女性主義者夢想的女兒。她生長在對待兒女沒有差異的家庭，得到完整的科學教育。在天主教女中念書時，電腦科技剛萌芽，男校有開課，她的數學女老師堅持女生也應有機會學習，不可落在男生後面，要求校方購置電腦，自己則利用晚上下班後自費進修資訊科學，白天傳授學生，啟發了梅琳達的興趣，畢業後進入杜克大學主修電腦，在這個新開發的領域取得了領先的位置，而老師自己也拿到碩士學位。梅琳達念完研究所後，到當時最大的電腦公司ＩＢＭ應徵工作和後來進入微軟公司，運氣都特別好，遇到優秀、誠懇而且願意提攜女性的女主管（當時在這個行業女主管十分稀少），增強了她的自信，開發了她的潛能。受到這些際遇感動，她也立下心願，將來要支援和提拔更多、更廣大的女性。她相信女性在許多方面的表現不如男性，不是沒有能力，而是沒有機會。數十年來，她盡力為女性，特別是貧困的第三世界女性，掃除障礙，創造機會，成為婦運接力中的一位強棒。

她和世界首富比爾．蓋茲的平等婚姻關係也是女性主義夢想的實現。十八世紀自由主義先驅洛克、盧梭等人雖提倡以情感為基礎的伴侶婚姻，視婚姻為自由、平等雙方締結的契約關係，卻認為男性因能力較強自然居於上風，女人則自願順從、取悅丈夫來換取關愛。十九世紀自由主義女性主義的重要推手約翰米爾卻與之大異其趣，他認為理想的婚姻是「兩個身心完善、全然平等的個人，各自擁有優越的權力與能力，但旗鼓相當，彼此欣賞仰慕，在成長的道路上，輪流享受帶領和跟隨的樂趣。」這段描述和梅琳達所追求的「愛、尊重、互惠和團隊精神、歸屬、相互成長的感覺」十分相近。一百多年前米爾懷疑能夠理解這種境界的人恐怕不多，我相信即使今天人數大概仍十分有限。梅琳達努力與叱咤商場的風雲人物丈夫建立平等的夥伴關係，其中重要的轉折點是她克服自卑，不再隱身，以共同創辦人和董事長的身分從基金會的幕後走到幕前，對外發言，與丈夫切磋成長，攜手並進。

而比爾樂於與妻子平等互動，在某些領域中跟從她的帶領，隨她遠赴印度，與貧困的性工作者圍成一圈坐在地上，傾聽她們的心聲和需要，甚至感動落淚，應是受到他自己的女性主義者父親影響。老比爾在華盛頓大學唸書時，認識十分活躍的妻子瑪麗，並且為了支持她競選學生會會長，放棄自己原來支持的候選人。老比爾的母親也是華大校友，喜歡打籃球，所以蓋茲家族不排斥女強人，反而彼此欣賞，享受互相學習以及一起從事公益的樂趣。

梅琳達的基金會工作讓她深入非洲、印度最貧窮的地區，住在當地人家中，跟著女人去砍柴、打水、燒火……體驗她們日常的生活。她最初從幫助這些女性避孕和做好家庭計畫開始，雖然避孕違背她信仰的天主教教會的立場，但她相信可以幫助母親保護孩子，避免因生育過多而使全家人落入貧困的深淵。同時她也認為禁止避孕的法律由男人制定，用來管束女人的性行為，若女人能參與立法，一定不會同意，於是決定公開為家庭計畫代言。接下來她發現為了改善女人的生活和子女教育，需要做更多事，進而組織女農自助團體，協助她們提升生產力，增加收入，改變性別分工（如步行到一、二十公里以外的水井去取水不再只是女人的事，而由夫妻共同分擔，或者由丈夫騎單車去做），建立平等人際關係。她自己也從這些極端困苦的女人身上學習到人生智慧並汲取生命能量。梅琳達相信生命等值、人人平等，富豪並不是一切事務的專家，富豪大撒錢有時反而會壞事，年長男人也不應該將年輕人和女人的功勞據為己有，所以比爾和她都願意破除階級意識，虛心向不同的對象學習，並且深自反省，修正自己的看法。

梅琳達的最高目標是達到平等之後，進而讓人與人互相連結，互相關愛，共同提升，創造生命的價值。她以自己的人生為女性主義做了最好的注腳。

推薦人簡介——顧燕翎

一九七〇年代開始投身婦女運動，是婦女新知基金會創始成員。曾任交通大學通識教育中心教授、台灣大學婦女研究室研究員。主編《女性主義理論與流派》、《女性主義經典》皆曾獲聯合報十大好書獎。

推薦序三

聆聽彼岸婦女的心跳

紀惠容

一位擁有巨大資源的女性領袖，是如何貼近地球那一端的婦女脈動？如何思考婦女地位？如何聰明的做公益？若你關心婦女地位、關心資源分配、關心提升女性權力、關心公益，這絕對是一本值得你閱讀的書。

梅琳達．蓋茲撰寫的《提升的時刻》，帶我們貼近地球彼端的婦女，從無薪操勞家事的婦女、無法停止生育的婦女、被迫童婚的女孩、農村辛勤耕作的婦女、到職場上的現代婦女，她們只因為性別而遭到不公平待遇，甚至被剝奪身為人的基本權力，久久不能翻身。

梅琳達是全球首富比爾．蓋茲的夫人，掌握了全球最大資源的比爾與梅琳達．蓋茲基金會，這讓她戒慎恐懼。誠如梅琳達在書中一開頭就引用了瑪莉安・威廉遜（美國作家）所說：「我們最深層的恐懼，就是擁有難以估計的權力。」擁有資源等於擁有權力，她小心翼翼摸索，希望使用對的方法，讓資源用在對的地方。她奔走全世界二十年，親自以肉身貼近地球彼岸的婦女，與她們一樣的操勞，體驗何為性別差別待遇，何為資源匱乏的婦女處境，這樣的體驗，讓她更堅定的認為，提升女性，就提升了全人類。

梅琳達就像一位佈道者，在書中非常有力的宣示「要跟男性平起平坐，只有女性獲得權力後，才能像浪潮一樣一波接一波贏得權利。引擎已經點燃，地面正在震動，我們即將升空。我們擁有的知識、活力與道德洞見遠超過以往任何一個時刻，能夠打破歷史的模式。現在我們需要每位鼓吹者的協助，不分男女，沒有人應該被排擠，每個人都應該參與。我們的呼籲是向上提升女性——當我們在這個目標上團結，我們就是提升力。」「每個女人都應該能發表意見並發揮她的潛能，而且男女應該一起合作克服障礙，終結一直拖累女性的偏見。」「性別平等能提升每個人。」

她娓娓道來，二十年，她的提升女性權力之路。她坦承在過程中，她被其他婦女團體挑戰：「妳支持、公開鼓吹的最佳方式就是自己跳下來。妳得加入我們。」當她跳下來，慢慢體會到，貧窮與疾病的問題總是連動的，天下沒有單純的問題。

舉個例，在家庭計畫方案，她覺悟，只召集一場全球高峰會討論避孕工具，簽署宣言然後回家是不夠的。她開始想設定目標並研擬策略。她指出，家庭計畫的第一步不只是取得避孕工具；這是通往增強女權之路的步驟。家庭計畫的意義不只是贏得要不要何時生小孩的決定權；當女性得到資訊、工具、資金和權力感，就會提升並把團體帶到想去的方向。……女人能利用天賦和精力，就能開始展現出自己的價值，這會讓每個人的生活變好。隨著女人獲得權利，家庭繁盛，社會也繁榮。當你納入原本被排除的群體，每個人都受益。當你在全球努力納入占半數人口的所有女性，就會裨益每個社群的所有成員。

她更看出，男性宰制的國家出問題，不只因為他們沒善用女性的才能，也因為他們被排他性強烈的男性主導。除非他們換領袖或領袖的看法改變，那些國家不會成功。如果你想要提升人類，那就提升女人的權力。這是你能對人類最全面、普遍、高報酬的投資了。這樣的領悟，讓她更聚焦於增強女權，跨越讓女人貧窮的各種障礙。

現在全球有將近七億五千萬人活在極度貧窮中。赤貧人口是指每天生活費不超過一・

九美元的人。梅琳達的體會是，這些數字無法呈現他們生活的無奈。極度貧窮的真正意義是無論你多努力工作，都無法脫貧。你逃不掉，你的努力無關緊要，你被那些可以提升你的人丟下了。她說，貧窮是世界上最削權的力量，因為貧窮讓母親無法做出更好選擇，無法保護她的家人，或改變她的處境，因為她別無選擇。她們得工作，在那種狀況下已經盡了力照顧她們的小孩。她無法像別的有錢母親救她的小孩。

她因而關心新生兒的母子健康、家庭計畫、女性受教權、無薪工作、童婚問題、農業中的女人、職場上的女人等各式議題或方案中，集中火力讓婦女脫貧，克服婦女進步的障礙，開啟機會，投資女性，讓女性在經濟上增強權力。

值得一提的是，梅琳達舉了尤瓦・諾亞・哈拉瑞（Yuval Noah Harari）的《人類大歷史》（*Sapiens*）提到的荒謬法典，如何貶抑女性卻流行了千百年，沒有人去質疑。因此她主張，形塑文化的決定必須納入每個人，因為即使最優秀的人也會被自己的利益蒙蔽。如果我們在乎平等，就必須擁抱多元性——尤其現在，因為科技業的人正在寫我們的電腦程式，設計人工智慧。AI發展仍在嬰兒階段，不知道它將會被使用的所有用途——健康用途、戰場用途、執法用途、企業用途——但影響會很深遠，我們必須確保它公平。

如果我們希望社會反映出同理心、團結與多樣性的價值觀，誰來寫法典就很重要。

這是很重要的提醒，另外，她也提到文化結構的現實與限制，在全世界的職場，女性被迫感覺不夠好或不夠聰明。女性的薪酬比男性少，有色人種女性更少。女性加薪與升遷比男性慢，缺乏男性爭取職位的訓練、指導和贊助。女性也比男性更常被互相孤立——所以女性可能需要很久才發現無法融入不是女性的錯，而是文化的現實。

最後我想特別提到梅琳達和性工作者相遇的故事，這是一段動人又深刻的故事。梅琳達起初只為了防治愛滋和她們合作，在多次貼近傾聽中，她終於懂得放鬆和她們擁抱，還建置救援她們受暴的系統，看似和防治愛滋無關，卻讓這個方案大大的成功。

這是一本讓人動容的女性連結的故事，梅琳達擁有大量財富，卻身體力行，學習聰明的資源分配，投資女性、團結女性，我會期待更多的梅琳達，如此一來或許世界和平、平等的腳步會早日到來。

推薦人簡介｜紀惠容

現任財團法人勵馨社會福利事業基金會執行長、公益自律聯盟理事、衛福部家庭暴力及性侵害防制推動小組委員、台灣防暴聯盟理事、行政院兒童及少年福利與權利推動小組委員。曾赴美攻讀音樂碩士，回台投入反雛妓行動專案。獲紐約聯合國兒童基金會頒發獎章「凱洛格兒童發展獎」首獎，為台灣榮獲該個人獎的第一人。

各界好評

《提升的時刻》是對勇氣的緊急呼籲。它改變了我對自己、家庭、工作和世界還有什麼可能性的想法。梅琳達融合了脆弱又勇敢的敘事與具體的資料，讓本書成為看過之後久久難忘的珍稀書籍。

——布芮尼・布朗博士（Brené Brown）
紐約時報暢銷書榜首《敢於領導》（*Dare to Lead*）、
《脆弱的力量》（*Daring Greatly*）作者

梅琳達・蓋茲編織了一段堅毅與希望的敘事來提升與啟發我們。她推動我們挑戰現狀而且絕不妥協。

——美樂迪・霍布森（Mellody Hobson）
夢工廠前執行長、艾瑞爾投資公司（Ariel Investments）總裁

本書有關兩性平等，其間的珍貴縫線就是同理心。本書提出了許多與梅琳達完全不同的婦女和女孩的聲音及經歷。她們教了她很多事情，在這本精心寫作的美好回憶錄中，梅琳達・蓋茲邀請讀者也來跟她們學習。

——保羅・法默博士（Paul Farmer）
衛生夥伴組織（Partners In Health）共同創辦人

梅琳達・蓋茲的書是一門傾聽的課程。強大、生動又終究謙卑的行動號召。

——泰拉・薇斯奧芙（Tara Westover）
紐約時報暢銷書榜首《垃圾場長大的自學人生》（*Educated*）作者

獻給珍、羅瑞和菲比

目錄

我們最深層的恐懼，就是擁有難以估計的權力。

——瑪莉安．威廉遜（美國作家）

引言

小時候，太空發射是我生活中的大事。我生長在德州達拉斯一個有四個小孩的天主教家庭，母親是全職家庭主婦，父親是參與阿波羅計畫的航太工程師。

碰到發射那天，我們全家人會擠上汽車，開到父親某個朋友（也是阿波羅計畫工程師）家中一起看轉播。直到今天，我還感受得到倒數讀秒時的緊張感；「**倒數二十秒，倒數十五秒，導航啟動，十二、十一、十、九、點火程序開始、六、五、四、三、二、一、零。所有引擎正常。發射！我們離地了！！！**」

那些時刻總會帶給我一種快感——尤其是引擎點火，地面震動，火箭開始向上的提升時刻。最近我在最喜愛的勵志作家馬克・奈波（Mark Nepo）書中看到「提升的時刻」一詞，他用這個詞彙來形容光榮的時刻。他寫道，類似有什麼東西「像絲巾在風中飄升」一樣，讓他的傷痛平息，內心感到圓滿。

馬克對提升的形容充滿了神奇。神奇對我有兩個意義；它可以指驚嘆，也可以指好奇。我有一大堆驚嘆，也有同樣多的好奇，**我很想要知道提升是怎麼發生的！**

生命中不同的時間，我們都曾經在漫長的加速滑行時坐在飛機上，焦急的等待升空的時刻。孩子們小的時候，我們在飛機上準備起飛，我會向他們說「輪子、輪子、輪子」，飛機離地的瞬間我會說「機翼！！」孩子們大一點之後，他們會陪著我說，我們一起說了很多年。不過有時候，我們說「輪子、輪子、輪子」的次數會超出我們的預期，我就會想，**為什麼升離地面需要那麼久！？**

為什麼有時候要那麼久？為什麼有時候又發生得那麼快？是什麼讓我們衝過了推升的力量壓倒拉下的力量，讓我們離地開始飛翔的那個臨界點？

這二十年來，我為了我和外子比爾共同創立的基金會工作走遍世界，我曾經思索過：我們如何為人類——尤其為女性召喚提升的時刻？因為當你提升女性，也就提升了全人類。

我們如何在每個人心中創造一個提升契機，讓大家都**願意**提升女性？因為有時候提升女性需要做的只是別再把她們往下拉。

在旅程中，我得知數以億計的婦女無法自己決定該不該生小孩以及什麼時候生小孩，因為她們拿不到避孕用品。很多婦女和女孩也有許多權利與特權被剝奪：像是決定是否以及何時嫁給什麼人的權利；是否能夠上學、擁有收入、離家工作、走出家門、花自己的錢、自己訂預算、創業、申請貸款、擁有財產、跟丈夫離婚、看醫生、競選公職、騎腳踏車、開車、上大學、研讀電腦、找人投資的權利等等。在某些國家，婦女這些權利都被剝奪了，有時候甚至是依法剝奪，即便法律允許，還是經常被不利於女性的文化偏見所剝奪。

身為一個公開鼓吹者，我的旅程始於家庭計畫，後來我也開始談論其他議題。但我很快發現——因為很快有人**告訴**我——光只為家庭計畫，或我剛列舉的每個議題發聲是不夠的，我必須為**女性**發聲。我很快的發現如果我們要跟男性平起平坐，方法不會是一項一項或一步一步爭取女性的權利；只有女性獲得權力後，才能像浪潮一樣一波接一波贏得權利。

我學到的這些教訓來自我希望大家認識的非凡人物。她們有些會讓你傷心，也有些會讓你**飄飄欲仙**。這些英雄建立學校、拯救人命、終結戰爭、提高女性權力、改變文化。

我認為他們會啟發你，因為他們啟發過我。

他們讓我見識到婦女被提升之後的不同，我希望每個人都能看到。他們讓我看過大家做了什麼才能造成影響，我希望每個人都知道。所以我寫了這本書：分享為我的人生帶來焦點與迫切性的那些人的故事。我希望大家了解能夠互相幫助發展的方法。引擎已經點燃，地面正在震動，我們即將升空。我們擁有的知識、活力與道德洞見遠超過以往任何一個時刻，能夠打破歷史的模式。現在我們需要每位鼓吹者的協助，不分男女，沒有人應該被排擠，每個人都應該參與。我們的呼籲是向上提升女性——當我們在這個目標上團結，**我們就是提升力**。

第一章

一個偉大理念的提升

請容我介紹一些背景。我在達拉斯讀的是一所天主教女子高中——吳蘇樂修會學院。高三那年，我去參觀杜克大學校園，對電腦科學系非常驚豔，當下決定申請進入杜克大學。五年後，我從電腦科學系畢業，還拿了商業碩士學位，我先是在打工過幾個暑假的ＩＢＭ找到工作，卻放棄，改去一個叫做微軟的小軟體公司上班。我在微軟公司的不同職位待了九年，最後成為資訊產品的總經理。如今我做慈善工作，大多數時間花在尋找如何改善別人生活的方法——我也經常擔心萬一做錯，會害那些人失望。我也是比爾・蓋茲的妻子，我們在一九九四年的元旦結婚，育有三個小孩。

這就是我的背景。現在我要告訴你一個更長的故事——關於我如何走進為女性增強權力之路，以及我在幫助別人的過程中，別人如何強化了我。

一九九五年秋天，比爾和我結婚將近兩年，正當我們出發前往中國旅行之際，我發現自己懷孕了。那趟中國行是我們的大事，比爾在微軟很少休假，而且有其他夫婦跟我們同行，我不想搞砸這個行程，所以考慮在回國之前不告訴比爾我懷孕的事。有一天半的時間，我心想，**就隱瞞這個消息吧**。然後我發現，**不行，我必須告訴他，不然萬一出了差錯怎麼辦？**而且基本上，**我非說不可，因為這也是他的小孩。**

某個早晨上班之前我叫比爾坐下來，告訴他我懷孕的事後，他有兩個反應。他很高興有小孩，然後他說：「妳想過不告訴我？**妳在開玩笑吧？**」

我沒花多久就冒出了為人父母的第一個餿主意。

我們去了中國，旅程非常美好，幾乎對我的懷孕毫無影響。除了有一次我們在中國西部的古老博物館裡參觀，當館長打開一個古代陶俑的箱子，陳腐的氣味害我衝出門外避免嘔吐——我知道整天、任何時間都可能發生這種事！我的女性朋友看到我跑出去之後立刻咕噥：「梅琳達懷孕了。」

從中國返美途中，比爾和我脫團以便獨處一陣子。在我們某次談話中，比爾很驚訝的聽到我說：「呃，我生小孩之後不會繼續工作。我不回去了。」他嚇呆了。「妳說妳不回去了**是什麼意思？**」我說：「我們很幸運不需要我的收入養家，所以重點是我們想要如何培養家庭。你的工作不可能減量，但是我看不出自己如何能夠投入時間做好工作，同時又能顧好家庭。」

我如此坦白的寫出我跟比爾的對話詳情，是想在剛開頭就強調一件事：我剛遭遇身兼職業婦女和母親的問題和挑戰，我也需要一些成長。當時我的個人模式——我不認為那是很刻意的模式——就是夫妻有小孩之後，男人工作，女人持家。老實說，我認為如果女人希望待在家裡是好事，但這應該是個選擇，並非因為別無選擇才這麼做。我不後悔我的決定，即使重來一次也不會改變。不過在當時，我只是假設婦女都會這樣。

其實，我第一次被問到是不是女性主義者時，不知道該說什麼，因為我不認為自己是女性主義者。我不確定我當時了解女性主義是什麼，那時候我們的女兒珍才剛要滿周歲。

二十二年後，我成了熱心的女性主義者。對我來說，這很簡單。身為女性主義者相信**每個**女人都應該能發表意見並發揮她的潛能，而且男女應該一起合作克服障礙，終結一直拖累女性的偏見。

不過，即使在十年前，這也不是我能充滿信心說出來的話。我是在多年聆聽女性——經常是辛苦至極的女性心聲之後才培養出來的信念，她們的故事教會了我什麼導致不平等，以及人類該如何發展長才。

這些洞察都是我後來才養成的。一九九六年當時，我只是透過自己所知的性別角色觀點看待一切，我告訴比爾：「我不回去了。」

這讓比爾一時難以應付。我在微軟公司工作是我們共同生活的一大部分，比爾在一九七五年與友人共同創立公司，我則在一九八七年進入微軟，是第一批MBA碩士中唯一的女性。我們在一場公司活動中認識，我為了微軟到紐約，我的室友（當時我們為了省錢同住）叫我去參加一場我不知情的晚宴。我遲到了，只剩一張桌子有空位，是並肩的兩個座位，我坐到其中一個；幾分鐘後，比爾出現，坐到我旁邊。

那晚我們邊吃邊聊，我察覺他對我有興趣，但我跟他失聯了一陣子。後來某個週六下午我們在公司停車場巧遇，他開始聊天，邀我兩星期後的週五跟他出去。我笑說：「這對我不夠隨興，等接近那個日子再問我。」並把我的電話號碼給他。兩小時後，他打來我家邀我當晚出去。「這樣夠隨興了吧？」他問。

我們發現我們有很多共通點；我們都愛猜謎，也都喜歡競爭，所以我們經常比賽猜謎或玩數學遊戲。我想我在數學遊戲打敗他之後就令他著迷，我們第一次玩 Clue 猜謎（這種桌上遊戲要猜出誰在哪個房間，用什麼武器犯下謀殺案），我又贏了之後，他更迷上了。他鼓勵我讀他最愛的小說**《大亨小傳》**，但其實我已經看過兩次了，或許這時他知道遇上對手了。也許他會說我是**戀愛**的對象，我看到他的音樂收藏後也知道我遇上對象了——他有很多法蘭克・辛納屈和狄翁・渥維克的歌。我們訂婚時，有人問比爾：「梅琳達給你的感受是什麼？」他回答：「真神奇，她讓我想要結婚。」

比爾和我對軟體的力量與重要性也有共同的信念。我們知道為個人電腦寫軟體會帶給每個人具備機構等級的計算力，電腦民主化也會改變世界。所以我們每天待在微軟才會這麼興奮——高速狂飆的建造軟體。

但關於小孩的對話卻凸顯出我們一起在微軟工作的日子要結束了——即使小孩長大一點後，我也很可能不會再回去。我懷孕之前曾經為這件事掙扎了一陣子，也跟女性朋友與同事討論過，但懷了珍之後，我就下定決心。比爾沒有想要勸我打消念頭，他只是一直問：「**真的嗎？！**」

隨著珍的預產期逼近，比爾開始問我：「那妳以後要做什麼？」我很熱愛工作，他無法想像我放棄人生的這一塊。他預期珍一出生之後我會另起爐灶。

他沒有猜錯。我很快就開始尋找適當的創意出口，我離開微軟後最熱心的志業是如何讓老幼女性都親近科技，因為科技在高中、大學和之後都對我的貢獻良多。

我在吳蘇樂學院的老師教我們社會公義的價值，在課業上鞭策我們，但是校方並未克服當年盛行、現在也很顯著的性別偏見。學院附近有一所天主教的耶穌會達拉斯男子高中，兩校被視為兄弟姊妹校。我們女生要去耶穌會上微積分和物理課，男生則要過來上打字課。

在我高三的學年開始之前，數學老師鮑爾太太在奧斯汀的一場數學研討會上看到Apple II+，回到學校後她說：「我們必須幫女生弄些電腦來。」校長瑞秋修女問：「如果沒人會用，我們該怎麼辦？」鮑爾太太回答：「只要妳買了，我會去學怎麼教她們。」於是學校擠出預算採購第一批個人電腦——**五台**，要給全校六百個女生用，加上一台感熱印表機。

鮑爾太太自掏腰包，利用晚上閒暇時間開車到北德州州立大學去研讀電腦科學，以便上午在學校教我們。最後她拿到碩士學位，我們也學得很開心。我們寫程式來解數學難題，把數字轉化成不同的基礎，還創造了原始的動畫圖像。在某個計畫中，我寫程式讓一個方形笑臉搭配迪士尼歌曲〈小小世界妙妙妙〉在螢幕上跑來跑去。很粗淺，當時電腦繪圖能做的事情不多，但我不曉得那很粗淺。我很自豪！

因為運氣和勇敢說出「我們必須幫女生弄些電腦來」的好老師的信念，我得知我喜愛電腦。她是我認識的第一個女性科技鼓吹者，接下來幾年會讓我發現我們還需要更多。我的大學生活就是跟男生一起寫程式，跟我一起進微軟的同批MBA全是男性。我去微軟應徵面試時，只有一位經理是女性。我覺得這樣不太對勁。

我希望女性也能分享這些機會，在珍出生後不久這變成了我參與的第一個慈善工作的焦點。我想，讓女孩接觸電腦的最明顯辦法就是跟當地學校的人合作，幫忙把電腦引進公立學校。我深入參與了幾所學校，讓他們學校電腦化。但是我越投入，就越發現設法在全美每所學校安裝電腦以拓展普及率是很昂貴的事情。

比爾熱衷相信科技應該讓人人共享，當時微軟在進行一個小規模計畫，捐贈電腦給圖書館，讓民眾接觸網際網路。微軟完成該計畫之後，他們安排會議向比爾展示成果，他跟我說：「欸，妳也該來聽聽看，這件事我們都可能有興趣。」我們聽完數據之後，比爾和我互相討論：「哇，或許我們該把這計畫推展到全美國。你想呢？」

當時我們的基金會只有一筆小錢和一個想法。我們相信所有生命是等值的，但我們發現現實世界並非如此，貧窮和疾病在某些地方特別嚴重。我們想要建立一個基金會克服那些不平等，但是沒人可以帶領。我無法主持，因為家中有幼兒，沒辦法回到全職工作的生活型態。不過那時候，比爾和我都很尊重與欣賞的微軟高階女主管派蒂・史東席佛（Patty Stonesifer）正好要離職，我們大膽的在她的告別派對上找上她，問她要不要主持這個計畫。她說好，成為基金會的第一個員工，在一家披薩店樓上的小辦公室裡無償工作。

我們的慈善工作就是這麼起步的。我在家帶珍的時候還能有時間參與，因為直到珍三歲時我們才又生了兒子羅瑞。

當我回顧時，我發現我在早年面對一個形塑人生的問題：「妳想要有事業還是當個全職在家的媽媽？」我的答案是「好！」先拚事業，然後當個居家媽媽，然後混合兩者，最後回到事業。我有機會擁有兩種事業**和**夢幻家庭——因為我們的處境很幸運，不需要我也去賺錢，分攤家用。另外還有一個理由，它的實際重要性多年以後我才領悟，幸虧我有小藥丸的幫助，讓我能安排與隔開懷孕的時間。

我想，這有點諷刺，比爾和我後來開始尋找讓世界變得不一樣的方法時，我從未感受到我們支援全世界貧民的努力，和我用來安排家庭生活的避孕用品之間居然有明顯關聯。家庭計畫是我們早年捐贈主題之一，但我們對其價值的理解很狹隘，我也不曉得那將是帶我進入公眾生活的志業。

不過，當然，我了解避孕藥對我自己家庭的價值。我直到在微軟工作了將近十年，比爾和我準備好了才懷孕，這一點並非意外。羅瑞比珍晚三年出生，小女兒菲比又比羅瑞晚三年出生，這都是我們的計畫，那是我和比爾決定這麼做的。當然，也有運氣的成分。我很幸運能在我想要的時候懷孕，但我不想要的時候也有能力不懷孕，讓我們能擁有我們想要的生活方式與家庭。

尋找被漏掉的重大計畫

比爾跟我在二〇〇〇年正式成立比爾與梅琳達．蓋茲基金會。那是從蓋茲學習基金會和威廉．蓋茲基金會合併而來。我們用兩人名字共同命名，因為我會扮演重要角色主持它——比當時的比爾更吃重，因為他還在微軟全職工作，而且持續八年。當時我們有兩個小孩——珍四歲已經開始上幼稚園，羅瑞才一歲——但我很興奮能承擔更多工作。不過我講得很清楚，我希望在幕後工作。我希望研究議題、旅行學習、商談策略——但是很長一段時間我選擇不在基金會扮演公開角色。我見過比爾出名、站在世人前面是怎麼回事，那對我而言沒有吸引力。但是更重要的，我不想離開小孩太久；我希望儘量給他們正常的教養。這對我非常重要，我知道如果我放棄自己的隱私，會更難以保護小孩的隱私（小孩開始上學之後，我們用我娘家的姓氏法蘭奇去註冊，讓他們有點隱姓埋名）。最後，我希望遠離公開的工作，因為我是完美主義者。我一向覺得我必須對每個問題都有答案，我不覺得我在當時懂得夠多能扮演基金會的公眾聲音。所以我堅持我不演講也不接受採訪，那是比爾的工作，至少一開始是。

打從一開始，我們就尋找各國政府和市場沒在處理的問題或他們沒在嘗試的對策來做。我們希望發現被錯失的重要理念，讓小投資引發龐大的改善。我們得到的教育從我們結婚前一年、一九九三年的非洲之旅開始。那時我們尚未成立基金會，也不知道如何投資金錢去改善民眾的生活。

但我們看到一些難忘的場景。我記得在某座城鎮郊外開車，看到一個大腹便便的母親，背上揹著另一個小孩，頭上還頂著一堆木棍。她顯然赤腳走了很長的路，而我看到的男人都穿拖鞋在抽菸，頭上不頂木棍也不帶小孩。一路上，我看到更多婦女扛著沉重的負荷，讓我想要多了解她們的生活。

從非洲回來之後，比爾和我在家裡為當時的杜克大學校長南內爾．基奧恩（Nan Keohane）舉辦一場小晚宴。當時我幾乎從未辦過那種活動，但我很慶幸我辦了。晚宴中有位研究人員告訴我們窮國的大量兒童因為痢疾瀕臨死亡，口服脫水補充液可以拯救他們的性命。事後過了一陣子，有位同事建議我們閱讀世界銀行出版的一九九三年世界發展報告，裡面顯示有大量死亡其實靠低成本干預就可以避免，但是干預方式到不了民眾手裡，沒有人覺得這是他們的任務。然後比爾和我在《紐約時報》看到一篇尼可拉斯．克里斯托夫（Nicholas Kristof）令人心碎的報導文章：痢疾在開發中國家造成數百萬兒童夭折。我們聽到讀到的一切都是同樣的主題：窮國的兒童正因為美國小孩不會遭遇的狀況瀕臨死亡。

有時候，一些新事實和洞察會等到你從好幾個來源都聽見才相信，然後一切開始顯得合理。我們持續閱讀有關可以獲救的垂死兒童問題，比爾和我開始認為，或許我們可以盡一份力量。

我們最感到迷惑的是何以這個問題受到極少的關注。在演講中，比爾舉了墜機的例子。他說：如果一架飛機墜毀，三百人死亡，對家屬是一場悲劇，而且每家報社都會報導。但是同一天，三萬個兒童死亡，對家屬也是悲劇，任何報社卻不會報導。我們不知道這些小孩死亡是因為事情發生在窮國，窮國發生的事情不會在富國得到太多關注。那是對我良心的最大震撼：幾百萬個兒童瀕死是因為他們很窮，我們沒聽過這類報導也是因為他們很窮。我們的全球衛生工作就從那時開始，我們開始研究怎樣做可以造成影響。

啟動我們全球工作的目標是拯救兒童性命，我們的第一筆大投資就是疫苗。我們得知美國研發的疫苗要花十五到二十年才會送到開發中國家兒童手中時簡直嚇呆了，預防開發中國家孩童死亡的疾病並非美國疫苗研發人員的優先事項。那是我們第一次清楚發現沒有市場誘因去拯救窮小孩會發生什麼事。但那可是數以百萬計的夭折。

那對我們可是寶貴的一課，所以我們結合各國政府與其他組織成立疫苗聯盟（GAVI），利用市場機制把疫苗送到全世界每個小孩手中。我們持續學習的另一課是，貧窮與疾病的問題總是連動的，天下沒有單純的問題。

早期某次我為基金會出差，去了馬拉威，看到好多母親帶著小孩在炎熱的天氣排隊打針而深受感動。我跟婦女們交談時，她們告訴我她們走了好遠，其中很多人走了十或十五哩路，她們必須攜帶一整天的食物。而且不只帶著要打疫苗的小孩，還要帶其他小孩。對生活已經很苦的婦女來說，這一天更辛苦，但我們希望這趟路可以讓她們未來輕鬆一點，也鼓勵更多母親跑這一趟。

我記得看到一個帶著幼兒的年輕母親，然後我問她：「妳帶這些可愛的小孩來打針嗎？」

她回答：「那**我的**注射呢？我為什麼必須在大熱天走二十公里才能打到針？」她說的不是疫苗，她說的是甲羥孕酮（Depo-Provera），一種能幫她避孕的長效針劑。

她已經生了超過養育能力的小孩數目了，她怕未來會生下更多。但是想到要帶著小孩走一整天到遙遠的診所打針，還可能缺貨，讓她很洩氣。她只是我在早年旅行遇到，把話題從兒童疫苗轉移到家庭計畫的許多母親之一。

在尼日，我記得去過一個小村莊，拜訪名叫莎蒂．塞尼（Sadi Seyni）的母親，她有六個小孩在我們走路時爭吵著吸引她的關注。她說了我從很多母親聽過的相同事情：「再生一個對我並不公平，我連現有的小孩都養不起了！」

我在奈洛比一個很貧窮叫做柯洛高喬的大型社區，認識了販賣用藍色牛仔布料製成背包的年輕母親瑪麗。她邀我到她家——是她做裁縫與照顧兩個小孩的地方。她說，她用避孕藥是因為「生活困難」，我問她老公是否支持她的決定，她說：「他也知道生活困難。」

在我的旅途中，無論是什麼目的，我開始聽見與看到越來越多女人對避孕用品的需求。我拜訪的每個母親都生很多小孩，是大家都聽說過母親在分娩中死亡的社區。我認識了很多亟需避孕的母親，因為她們現有的小孩已經照顧不過來了。我開始了解原因，即使我不是去宣導避孕用品的，婦女們總是會提起。

我所閱讀的資料是這些婦女的親身體驗。

二〇一二年，世界上六十九個貧窮國家裡，有兩億六千萬婦女使用避孕用品。在這些國家還有超過兩億婦女想使用避孕用品卻拿不到。這表示開發中國家有數以百萬計的婦女太早、太遲或太頻繁懷孕，造成了身體的負擔。如果開發中國家婦女把分娩的時間間隔至少三年，每個嬰兒第一年存活的機率幾乎可以加倍，能活到滿五歲的機率也高出35%。這就足以合理化擴大發放避孕用品。但是小孩存活率只是其中的理由之一。

史上持續最久的公共衛生研究之一可追溯到一九七〇年代，當時孟加拉某些村落有一半的家庭獲贈避孕用品，另一半家庭沒有。二十年後，拿到避孕用品的母親們比較健康，她們的小孩養得比較好。她們的家庭比較有錢，她們有較高的工資，她們的子女受的教育也比較多。

理由很簡單：當婦女能夠安排與隔開她的懷孕時間，她們比較可能繼續受教育、賺取收入、養出健康小孩，也有時間和金錢給予每個小孩發育所需的食物、照顧與教育。小孩若能發揮潛力，就不會陷入貧窮。這就是家庭和國家脫貧的辦法。事實上，五十年來若非擴大發放避孕用品，沒有國家能夠脫貧。

我們基金會早期發放的一部分就是避孕用品，但我們的投資和效益不成比例。我們花了很多年才學到避孕用品是史上最棒的救命、脫貧與增加婦女權力的創新之物。

我們看到家庭計畫的完整力量之後，我們知道避孕用品必須排在更高的優先順序。

那也不只是多花些錢的問題。我們必須資助副作用較少、效果較久、成本較低、婦女可以在自己的村落拿到或在自家使用的新型避孕用品。我們需要包括政府、全球機構與藥品公司等等全世界跟地方夥伴努力合作，把家庭計畫推廣到婦女居住的地方。我們需要更多為沒被聽見的婦女發聲的人。那時候我認識了許多幾十年來一直努力推行家庭計畫運動的傑出人士。我儘量跟他們交流，詢問我們基金會能幫什麼忙，我該如何放大他們的音量。

我接觸的每個人似乎都陷入尷尬的沉默，彷彿答案很清楚我卻沒有看見。最後，有幾個人告訴我：「妳支持、公開鼓吹的最佳方式就是自己跳下來。妳得加入我們。」

那不是我想找的答案。

我是個低調的人——在某些方面，有點害羞。我是那種在學校裡別的小孩從後排大聲喊出答案，我還在舉手請求發言的女生。我喜歡幕後工作。我想要研究資料、監督工作、認識人、研發策略與解決問題。那時候，我已經習慣演講和接受採訪，但是突然間朋友、同僚和社運人士都向我施壓去當家庭計畫的公開鼓吹者，讓我有點警惕。

我心想，**哇，即使我的教會和許多保守派反對，我還要公開投入家庭計畫這麼政治性的事嗎？**派蒂．史東席佛當我們基金會執行長的時候，她警告過我：「梅琳達，如果基金會要大舉踏入這個領域，妳會成為爭議焦點，因為妳是天主教徒。一大堆問題會向妳丟過來。」

我知道這會是我的一大轉折，但這個世界顯然必須在家庭計畫加把勁。即使熱心的鼓吹者努力了幾十年，進度仍是大半停頓。家庭計畫已經不是全球衛生的優先事項；一部分是因為它在美國變成政治問題，另一個原因是全世界愛滋病肆虐問題和疫苗運動從避孕用品吸走了資金和民眾關注力。（愛滋肆虐確實促使廣泛的努力去發送保險套，但是我稍後會解釋，保險套對許多婦女而言並非有用的避孕用品。）

我很清楚成為家庭計畫鼓吹者會招來我不習慣的批評，也會分走基金會其他活動的時間與精力。但我開始覺得如果有什麼值得付出的代價，那就是這件事了。我有本能的切身感受，家庭計畫對我們組成家庭的能力不可或缺，它讓我能工作又有時間照顧每個小孩。它簡單、便宜、安全又有效——我認識的每個女人都這麼做，但全世界幾億個婦女卻求之不得。這樣的機會不平等就是不公平，當婦女和兒童急需廣泛可得、能拯救他們性命的工具時，我無法視而不見。

我也考慮過我對子女的義務。我有機會挺身為沒有聲音的婦女發聲，如果我拒絕，我對子女示範的是什麼價值觀？我會希望他們未來拒絕艱難的任務，然後說他們是學我的嗎？

家母對我的選擇有很強大的影響力，只是她自己可能不知道。在我成長過程中她總是說：「如果妳不自己設定工作排程，別人就會代勞。」也就是說如果我不找自己覺得重要的事情填滿我的行程，別人就會用他們覺得重要的事來填補。

最後，我腦中總是忘不掉我見過的婦女影像，最讓我感動的那些人我還留著照片。如果我有機會卻不幫助她們，她們掏心掏肺把人生經歷告訴我又有什麼意義？

這就是關鍵。我決定面對我的恐懼，公開為家庭計畫代言。

我接受英國政府的邀請，共同贊助倫敦一場家庭計畫高峰會，盡力吸引國家元首、專家和社運人士來參加。我們決定要把基金會對家庭計畫的捐注加倍，列為優先事項。我們希望喚回全球對所有婦女必須能有避孕用品，讓我們能自己決定是否要生小孩與何時要生小孩的承諾。

但我還必須想清楚自己該扮演什麼角色以及基金會必須做什麼。只召開一場全球高峰會，討論避孕用品，簽署宣言然後回家是不夠的，我們必須設定目標並研擬策略。

我們火速加入英國政府在二〇一二年七月於倫敦舉辦的高峰會，因為再過兩週世人的注意力就會轉移到月底的倫敦奧運開幕式了。

接近高峰會時，我們引發了一波媒體報導，強調家庭計畫拯救人命的價值。英國醫學期刊《刺胳針》（*The Lancet*）刊登了一篇英國政府和我們基金會贊助的研究報告，顯示擁有避孕用品會讓死於難產的母親數量減少三分之一。救助兒童會（Save the Children）有篇報告說每年有一百萬名青少女在分娩中死亡或受傷，讓懷孕成為青少女的頭號死因。這些發現有助於設定會議迫切性的基調。

高峰會來了很多人，包括許多國家元首。演講很順利，我很高興。但我知道成功的考驗在於誰會跟進和我們能募到多少錢。萬一各國領袖不支持這項倡議呢？萬一各國政府不增加捐注呢？這些憂慮讓我難過了好幾個月——跟辦派對害怕沒人來差不多，如果這個案例失敗了，媒體會報導的。

我不會說我不該擔心，擔心讓我的工作更辛苦，但是資助與支持比我預期的最高值還要高。英國把家庭計畫預算加倍，坦尚尼亞、盧安達、烏干達和布吉納法索的總統、加上馬拉威的副總統都參加了會議，扮演關鍵角色，募到開發中國家承諾的二十億美元。中包括塞內加爾把預算加倍，肯亞把家庭計畫的國家預算增加三分之一。我們一起宣示我們稱作「FP 2020」的運動，在這個十年結束前，把避孕用品發放給一億兩千萬名婦女。這是迄今宣示過支持發放避孕用品的最大金額。

這只是開始

會議過後，陪我去倫敦的高中好友瑪麗．雷曼（Mary Lehman）也陪我跟一些參加會議、影響力龐大的女性共進晚餐。我們都喝了點葡萄酒享受令人滿意的場面，我特別高興，終於結束了，很多個月的計劃與擔憂之後，我感覺我終於可以放鬆了。

這時候女士們都跟我說：「梅琳達，妳沒發現嗎？家庭計畫只是女性的第一步！我們必須繼續挑戰更大的議題！！」

我是在座唯一天真到會驚訝——而且嚇壞的人。我不想聽。晚餐後跟瑪麗在車上交談，我反覆說：「瑪麗，她們一定是在開玩笑。」我差點哭出來，一直暗想，**門都沒有。我已經完成我的部分了，那超出我的能力範圍，為了達成我們宣示的目標，眼前光是家庭計畫就已經有一堆工作——更別提廣泛的婦女議題了。**

在塞內加爾那趟感人的參訪前幾天，要求我做「更多」的呼聲尤其難以入耳。我跟一群婦女坐在小屋裡討論女性生殖器割禮，她們自己都被割過，許多人也逼她們女兒進行割禮。她們向我敘述時，已經在塞內加爾工作幾十年、當天充當我的口譯的同事茉莉·梅爾欽（Molly Melching）說：「梅琳達，有些話我不會翻給妳聽，因為我想妳會受不了。」（改天我必須鼓起勇氣問她省略了什麼。）

那些婦女告訴我她們都反對女性割禮。她們年輕時，害怕如果不讓女兒進行割禮，女孩們永遠嫁不掉。她們的女兒要是出血致死，她們相信那是惡靈作祟。但她們逐漸認為這些看法是謊言，並在她們的村裡禁止割禮。

她們以為自己告訴我的是個進步的故事，事實上也沒錯啦。但要了解在哪方面算進步，必須了解這種作法仍舊有多麼殘酷和普遍。她們告訴我她們走了多遠，也透露了實際情況對她們國內的女性仍然很糟糕。這故事把我嚇壞了——我簡直當機。我認為這種努力無望又沒有盡頭，超出我的體力和資源。我對自己說「我放棄」。

我猜想大多數人在某個時刻都曾說過「我放棄」。但我們經常發現「放棄」只是通往進一步投入的痛苦步驟。在倫敦同桌的女士們告訴我必須再做更多時，我仍然困在我內心對塞內加爾說過的「我放棄」，所以我一週之內對自己說了第二次的「我放棄」。我俯瞰著必須做的和我能做的之間的鴻溝，我直接說「不行」！

雖然只是內心獨白，我是認真的。但是後來，開始卸下心防後，我發現我的「不行！」只是投降之前抗拒的一刻。我必須接受塞內加爾這些女孩的創傷和全世界婦女的需求超出了我能幫忙癒合的程度；我必須接受我的職責是做好我的部分，讓我代替那些我們幫不到的女性心碎，並且保持樂觀。

隨著時間過去，我的態度漸漸轉向「可以」，因為我看清了倫敦那些女士告訴我的事。家庭計畫是第一步，但第一步不只是取得避孕用品——這是通往增強女性權力的步驟之一。家庭計畫的意義不只是贏得要不要何時生小孩的決定權，而是突破長久以來束縛女人的各種障礙的關鍵。

我漏失的重大理念：投資女性

幾年前在印度，我造訪女性自助團體，發現我看到了女性如何互相增強權力，我看到了女性互相提升，我也看到了一切都從女性互相交談開始。

這些年來，基金會資助婦女自助團體有幾個不同的目標：防止HIV病毒傳播，協助女性農民買到更好的種子，幫助婦女取得貸款。她們有五花八門的理由可以組成團體，但無論初始焦點是什麼，當女性得到資訊、工具、資金和權力感，就會提升她們並把團體帶到想去的方向。

在印度，我跟自助團體的女性農民碰面。她們買了新種子，種植更多穀物，農地獲得更好的收成——而且用最親密的方式告訴我：「梅琳達，以前我住在與主屋分開的房間裡。他們甚至不准我和婆婆同時待在房子裡。我在後方有個房間，我也沒有肥皂，所以我用灰燼洗澡。但現在我有錢了，買得起肥皂。我的沙麗變乾淨，婆婆比較尊重我，所以她現在讓我進屋了，現在比較有錢，我還買了腳踏車給兒子。」

妳想知道贏得婆婆尊重的方法嗎？——買輛腳踏車給兒子。

為什麼這樣會贏得尊重？不是因為當地風俗，這是普世共通的道理。婆婆尊重媳婦是因為她的收入改善全家人的生活。當我們女人能利用天賦和精力，就能開始展現出自己的價值，這會讓每個人的生活變好。

隨著女人獲得權力，家庭繁盛，社會也繁榮。這個連結建立在一個簡單事實上：每當你被納入原本被排除的群體，每個人都會受益。當你努力納入全球占半數人口的所有女性，就會裨益每個社群的所有成員。性別平等能提升每個人。

從教育、就業和經濟成長的高比例到未成年生子、家暴和犯罪的比例降低──接納與提升女性跟健康社會的跡象息息相關。女性的權力與社會的健康、財富一起上升。由男性宰制的國家出問題，不只因為他們沒善用女性的才能，也因為他們被排他性強烈的男性主導。除非他們換領袖或領袖的看法改變，否則那些國家不會成功。

了解增強女性權力與社會財富健康之間的關聯對全人類很重要。雖然近二十年來我們在工作中獲得許多洞見，但這是被我們漏失的重大理念，也是被我漏失的重大理念之一。如果你想要提升全體人類，就要增強女性的權力。這是你對人類最全面、普遍、高報酬的投資了。

我希望我能告訴你我是在什麼時刻領悟這個洞見的，但是我沒辦法。它就像緩緩升起的太陽，逐漸照到我身上——部分覺醒是別人分享與促進的，我們所有人都有同樣的理解，並且在世界上累積改變的動能。

我的好友吉莉安・諾耶（Killian Noe）贊助一個叫復原咖啡（Recovery Café）的組織，服務無家可歸、患有成癮症和精神疾病的患者，幫他們建立自己喜歡過的生活。吉莉安啟發我去深入探索事情，她有個在朋友圈裡很著名的提問：「你現在比以前對『它』有什麼更深刻的了解？」我喜歡這個句子，因為它凸顯出我們如何學習與成長。智慧不在於累積更多知識，更重要的是深入理解重大的真理。年復一年，靠著朋友、夥伴與前輩們的支持和洞見，我清楚看到貧窮與疾病的主要原因來自於文化、財務與法律上對女人的局限。這些限制妨礙了女人為自己與子女所能做的，也妨礙她們認為自己做得到。

對我而言，這就是女性們如何變成施力點和介入點，以跨越使人貧窮的各種障礙。構成本書的各章議題都有性別焦點：新生兒的母子健康、家庭計畫、婦女及女孩受教權、無薪工作、童婚問題、農業中的女人、職場上的女人。每個議題都由阻礙婦女進步的障礙造成。當這些障礙被打破，所開啟機會不只能讓女性脫貧，還能在每個國家與每個社會階層提升兩性平等。沒有其他單一改變更能改善世界的狀態了。

這個關聯與你在資料世界中所能發現的幾乎雷同。如果你搜尋「貧窮」，你會發現「沒有權力的婦女」；如果你探討「繁榮」，你會發現「擁有並且行使權力的婦女」。

當女人自己能決定何時生小孩；當女人能決定在何時嫁給誰；當女人能享有醫療，只做我們公平分擔的無薪工作；當女人得到我們想要的教育，做我們需要的財務決定，在工作上受到尊重，跟男人享有相同權利；當女人被訓練領導力，在幫助我們爭取高位的其他人協助下提升自我，女性就能一展身手……而我們的家庭與社群也才能接續發展。

我們可以把每項議題都當作一道牆或一扇門，我想我已經知道我們怎麼看待它們了，在今天已獲得權力的女性心中與腦中，「每道牆都是一扇門」。

讓我們一起拆除高牆，穿過這些門吧。

第二章 強化母親的力量：新生兒與母親的健康

二〇一六年的歐洲旅行途中，我特別到瑞典去向我心目中的英雄漢斯・羅斯林（Hans Rosling）道別。

漢斯・羅斯林不久在二〇一七年去世，他是個開創性的國際衛生學教授，因為教導專家重視他們應該已經知道的事實而聞名。他以一場難忘的TED演講風靡全球（超過兩千五百萬次觀看，而且繼續累積中）；他跟兒子、兒媳合寫的書《真確：扭轉十大直覺偏誤，發現事情比你想的美好》（*Factfulness*）告訴我們世界比我們想像的還要好，也是全球暢銷書；還有他們的蓋普曼德基金會，利用資料與圖像的原創性作品幫助人們了解世界的真貌而聲名大噪。對我個人而言，漢斯是個睿智的導師，他的故事幫助我如何以窮人的觀點看貧窮問題。

我想告訴你一個漢斯跟我分享、幫我看清極度貧窮之影響，還有增強女性權力可以如何扮演終結貧窮的核心角色的故事。

不過首先，我希望你知道其實漢斯．羅斯林對我很陌生，反而是我對他比較熟，至少一開始是如此。二〇〇七年，在我們認識之前，他曾經參加一場我的演講活動。後來他告訴我，他很懷疑。他心想，**美國億萬富豪大撒幣會搞砸一切啊！**（他擔心的其實沒錯，詳情後補。）

他說，後來我贏得他的信任，是因為我的評論中沒有說到窩在西雅圖閱讀資料研究理論。相反的，我試著分享我從非洲與南亞之旅時認識的產婆、護士和母親們那兒學到的事。我說了女性農民丟下田地，走好幾哩到診所排隊，忍受漫長炎熱的等待，卻只聽到避孕用品缺貨的故事。我談到產婆說她們的酬勞很低，訓練不足，又沒有救護車的故事。我故意不用固定觀點談這些訪視，我試著跟隨自己的好奇心與學習慾；原來漢斯也是，只是起步比我早得多，也密集得多。

漢斯還是年輕醫生時，他和妻子艾格妮塔（她也是傑出的醫療專業人士）搬到莫三比克，漢斯在遠離首都的貧窮地區執業，他和另一位醫師共同負責三十萬人。在他看來，即使從未見過面——通常也不會見到，他們都是他的病人。他的管區每年有一萬五千人出生，三千多個兒童死亡，每一天，他管區就有十個小孩死掉。漢斯治療痢疾、瘧疾、霍亂、肺炎和先天性缺陷。如果只有兩個醫師要醫三十萬人，你必須什麼都要會。

這個經驗塑造了他的個性，也定義了他教我的事。我們認識後，漢斯每次和我參加同一個活動都會找時間聊聊，即使只是休息時間站在走廊上幾分鐘。在我們有長有短的探訪中，他變成我的老師。漢斯不只幫助我了解什麼是極度貧窮，還幫我回顧、加深了解我已經看過的事。「極度貧窮產生疾病，」他說：「邪惡力量潛藏在裡面。伊波拉病毒就是這麼開始的，博科聖地（Boko Haram）恐怖組織也因此藏匿女孩子。」即使我有優勢可以直接向他學習，還是花了很多時間才能習得他所知道的。

現在全世界有將近七億五千萬人活在極度貧窮中，一九九〇年甚至高達十八億五千萬人。根據政策制定者的說法，赤貧人口是指每天生活費不超過一．九美元的人，但那些數字無法呈現他們生活的無奈。極度貧窮的真正意義是無論你多努力工作，都無法脫貧。你永遠逃不掉，這和你的努力無關，你被那些可以提升你的人丟下了。這就是漢斯讓我理解的事。

在我們的多年交情中，他總是說：「梅琳達，妳必須關心那些活在邊緣的人。」所以我們一起嘗試，透過我們希望幫助對象的觀點看人生。我告訴他我在基金會初次出差的經驗，我離開時更尊敬我見到的人，因為我知道我無法忍受他們的日常生活現實。

我走訪過一個大城市的貧民窟，我震驚的不是小朋友走到車邊乞討，這我早料到了，而是看見小孩子怎麼照顧自己。我不該驚訝的，這是窮媽媽別無選擇只能出去工作的必然後果，事關在城市裡的生存，但她們能把嬰兒交給誰呢？我看到小孩子抱著嬰兒走來走去；我看到一個五歲小孩帶著還在搖頭晃腦階段的嬰兒，跟朋友們在街上奔跑；我看到小孩在屋頂上的電線旁邊玩耍，在流過街邊的水溝旁奔跑；我看到小孩在餐飲攤販烹調用的沸水鍋爐附近嬉戲。危險已成為小孩子日常生活與現實的一部分。這無法靠母親做出更好的選擇去改變現實——因為母親別無選擇。她們得工作，在那種狀況下，她已經盡全力照顧她們的小孩。我好敬佩她們能夠一直做她們必須做的事還去養小孩。我跟漢斯討論了很多次我的見聞，我想他也因此說出他的見聞。漢斯過世之前幾個月跟我分享的故事，是他認為最能呈現貧窮本質的一個。

八〇年代初期漢斯在莫三比克行醫時，他工作的地區爆發霍亂大流行。他會每天帶著員工開醫療吉普車出去尋找霍亂患者，而非等他們找上門來。

有一天他們在日落時開進一個偏遠村子。那裡大約有五十棟房子，全是泥磚砌成。居民有木薯田和一些腰果樹，但是沒有驢子、牛或馬——沒有工具把他們的產品運到市場。

漢斯的團隊抵達時，人群窺探他的吉普車內，開始說「Doutor Comprido，Doutor Comprido」，葡萄牙語的意思是「高個子醫生，高個子醫生」。那是漢斯的稱號——從來不叫「羅斯林醫生」或「漢斯醫生」，只有「高個子醫生」。大多數村民從未見過他，但是聽說過。現在高個子醫師來到他們村子。他下車後，問村裡的領袖：「Fala português？」（你會講葡語嗎？）「Poco，poco，」他們回答，會一點：「Bem vindo，Doutor Comprido。」（歡迎，高個子醫生。）

於是漢斯問：「你們怎麼認識我？」

「喔，你在這個村子很有名。」

「可是我根本沒來過。」

「對，你從來沒來過。所以我們很高興你來了。我們非常高興。」其他人插嘴：「他很受歡迎，他很受歡迎，高個子醫生。」

越來越多人聚集過來，悄悄的加入人群。很快就有五十個人微笑著看高個子醫生。

「但是這個村子很少有人來過我的醫院。」漢斯說。

「對，我們很少上醫院。」

「那你們怎麼會知道我？」

「喔，你很受尊敬。你非常受尊敬。」

「我受尊敬？但是我沒來過這裡啊。」

「對，你從來沒來過。沒錯，很少人去你的醫院，但是有個女人去過你的醫院，你治療了她，所以你很受尊敬。」

「喔！這個村子的女人？」

「對，我們的女人。」

「她是為什麼來的？」

「生產的問題。」

「所以她來尋求治療？」

「對，你受尊敬是因為你治療她。」

漢斯開始覺得有點光榮，又問：「我可以見她嗎？」

「不行，」大家都說：「你不能見她。」

「為什麼不行？她在哪裡？」

「她死了。」

「喔，對不起。她死了？」

「對，她在你治療時死了。」

「你剛說這女人有生產的問題？」

「是。」

「誰帶她來醫院的？」

「她的兄弟。」

「她來到了醫院？」

「對。」

「我治療了她？」

「對。」

「然後她死了？」

「對，她死在你治療她的診療台上。」

漢斯開始緊張。他們會認為是他出錯嗎？他們要向他發洩痛苦了嗎？他偷瞄司機是否在車上，這樣他才能逃走。但他發現跑不掉了，所以將語氣放慢變溫和。

「那，她患了什麼病？我不記得了。」

「喔，你一定記得她，你一定記得，因為小孩的手伸出來了。產婆想要拉手臂把小孩拖出來，但是沒辦法。」（漢斯向我解釋，這叫做臂先露 [arm presentation]。小孩出不來是因為頭顱的位置不對。）

那瞬間，漢斯全想起來了。他們上門時胎兒已經死亡，他必須取出胎兒才能救母親的命。但是漢斯沒有動手術的設備，不能用剖腹法，所以他嘗試用截胎法（fetotomy，把死嬰切塊之後取出），然而不幸子宮破裂，母親在診療台上流血致死。漢斯無力回天。

「是，很難過，」漢斯說：「非常難過。我想要切掉嬰兒的手臂救她。」

「對，你切了手臂。」

「對，我切了手臂。我想要分段把屍體取出來。」

「對，你想要分段把屍體取出來。你是這麼告訴她兄弟的。」

「我非常非常遺憾她過世了。」

「唉，我們也是。我們非常遺憾，她是個好女人。」他們說。

漢斯轉移話題跟他們互相問候。找不到話說之後，因為他好奇又大膽，他再問：「但是我沒救回她的命，怎麼會受尊重？」

「喔，我們知道那很困難。我們知道大多數發生臂先露的孕婦會死掉。我們知道很難救。」

「但你們為什麼尊敬我？」

「因為事後你的表現。」

「什麼意思？」

「你走到病房外面的庭院。你攔住要離開的疫苗接種車。你追上去，把車子叫回來，從車上拿出箱子，安排用白床單包好村裡的女人。你提供床單，甚至提供一小張來包嬰屍。然後你安排把女人遺體搬上吉普車，叫一個員工下車讓她的兄弟可以同車。悲劇之後，她在同一天日落之前回到家裡。我們當晚就辦了喪禮，她全家每個人都在場。我們沒想到有人會對我們森林裡的窮農民表現得如此尊重。你的作為很受敬佩。非常感謝。我們永遠不會忘記你。」

漢斯的故事在此暫停，他告訴我：「其實那不是我做的，是羅莎媽媽。」

羅莎媽媽是一位跟漢斯合作的天主教修女。她告訴過他：「用截胎法之前，要徵求家屬允許。在他們同意之前不要切割嬰兒。事後，他們只會要求一件事，取回嬰兒的屍體。你要說，『好，遺體會交給你們，包括包裹嬰兒的白布』。就是這樣。他們不希望把嬰屍交給別人，他們希望看到全屍。」

所以漢斯解釋：「那個產婦去世時，我在啜泣，羅莎媽媽抱著我說，『這個女人來自很偏遠的村子，我們必須送她回家，否則那個村子往後十年會沒人敢來醫院。』

『可是我們怎麼載她？』

『跑去攔截疫苗車，』羅莎媽媽跟我說，『跑去攔截疫苗車。』」

漢斯照做了。「羅莎媽媽了解民眾的現實狀況，」他說：「我絕對沒想過要那樣做。生活中，年長男性經常搶走年輕人和女人做事的功勞。這是不對的，但現實就是這樣。」

這就是漢斯對極度貧窮的最深刻見證。他們不光是每天只靠一美元過活，而是垂死之時上個醫院還要花好幾天。他們不是因為救回一命，而是因為把遺體送回村子而尊敬一個醫師。

如果這個母親住在繁榮的社區而非莫三比克偏遠森林的貧窮農村，她絕對不會失去嬰兒，也不會丟掉性命。

這是我在工作中逐漸了解的貧窮意義，我也從漢斯的故事了解：貧窮就是無法保護你的家人；貧窮就是無法像別的有錢母親救你的小孩。母親最強烈的本能就是保護自已的孩子，貧窮是世界上最削權的力量。

可想而知，如果你想反抗貧窮，如果你想強化女性的力量，你可以一舉兩得：**幫助母親保護她們的孩子**。這就是比爾和我慈善工作的起步。當時我們還沒有白紙黑字記下來，我們只是認為對小孩而言，因為他們父母很窮而死掉是世上最不公平的事。

一九九九年底，我們在第一項全球倡議中，加入許多國家與組織去拯救五歲以下幼童的生命。活動的一大部分是拓展基本疫苗配套的全球普及率，從一九九〇年以來疫苗幫助夭折幼童人數減半，從每年一千兩百萬人減到六百萬人。但很不幸，出生後二十八天內的新生兒存活率並未以同樣的步伐改善。五歲以下的夭折人口中，將近半數發生在滿月之前，而且這些出生不到一個月就夭折的新生兒中，最多人死於生下來的第一天。這些嬰兒出生在窮中之窮的地方——許多地方離醫院好遠。如果住家散布在偏遠區域，分娩方式又遵照幾百年來的傳統，怎麼可能拯救幾百萬個嬰兒？

以前我們不曉得。但如果我們想做最多的善事，就必須去造成最大傷害的地方——於是我們探索拯救新生兒母子性命的方法。母親或嬰兒死亡最常見的因素是缺乏熟練的接生者——每年有四千萬個女人在毫無協助下分娩。我們發現最佳辦法，至少是以現有接生技術的最佳回應辦法，就是訓練與部署更多熟練的醫護人員，在婦女分娩後幾小時甚至幾天內到場照顧。

二〇〇三年，我們資助了維許瓦吉·庫瑪（Vishwajeet Kumar）的工作，這位受過約翰霍普金斯大學先進訓練的醫師，在印度最窮的村落之一、北方邦一個叫做席夫加的村子發起了救命計畫。

計畫進行的過程中，維許瓦吉與阿媞·辛（Aarti Singh）結婚。阿媞是生物資訊學的專家，她開始把專長運用在設計與評估母子醫護計畫。她成為組織不可或缺的一員，村民為組織取名為薩克夏姆（Saksham），意為「增強權力」。

維許瓦吉和薩克夏姆團隊研究了印度貧窮鄉下的分娩狀況，發現許多常見的作法對嬰兒有極高的風險。他們認為許多新生兒夭折其實可以靠極低甚至零成本、社區就做得到的方法避免：即刻餵母乳、嬰兒保暖、用消毒工具剪臍帶。只需簡單改變行為模式就好。以美國國際開發署（USAID）、救助兒童會和我們基金會的贊助——還要傳授社區衛生工作者安全的新生兒照顧法，薩克夏姆在十八個月內就把新生兒夭折率減半。

我在二〇一〇年造訪席夫加村時，全世界每年還有三百萬個新生兒夭折。其中將近10％發生在北方邦，因此被稱作全球新生母子死亡的核心。如果想要降低新生兒死亡數字，北方邦是個施力的重點。

旅行的第一天，我認識了大約一百個村民討論新生兒照護。那真的是一大群人，母親們坐在前排，男人坐後面，但是感覺很親密。我們坐在大樹蔭下鋪設的地毯上，擠在一起確保沒人被晾在艷陽底下。會合之後，有個六歲小男孩的家庭來迎接我們。幾秒鐘後，當時我們基金會的新生兒與母親衛生主管蓋瑞・達姆史塔特（Gary Darmstadt）向我耳語：「就是他，那個嬰兒！」

我回頭看到那個六歲男孩，問：「什麼嬰兒？那不是嬰兒。」

「就是魯奇救的那個。」他答。

「我的天！」我說：「他就是你跟我說過的嬰兒！？」

那個六歲男孩已經成為當地傳說。他在薩克夏姆計畫成立的第一個月出生，當時社區衛生工作人員剛接受完訓練，民眾半信半疑，每個人都在觀望。我剛看到的健康六歲男孩在三更半夜出生，初次懷孕的母親精疲力盡，在分娩中昏迷。

天一亮，最近結訓的社區衛生人員接到通知後立刻趕來，她名叫魯奇（Ruchi），大約二十歲，出身高種姓的印度家庭。她抵達後發現母親仍然昏迷，嬰兒沒有體溫。魯奇問怎麼回事，在場的家屬不發一語，他們都嚇壞了。

魯奇生火讓室內保暖，再拿毯子裹住嬰兒。她量嬰兒的體溫——因為她受過訓練，知道失溫可能害死嬰兒或是造成感染。嬰兒很冷，大約華氏九十四度，於是魯奇開始嘗試過去她用的傳統方法，但統統無效。嬰兒逐漸發紫，奄奄一息，魯奇知道除非馬上做點什麼，否則嬰兒會死掉。

魯奇學到新的救命方法之一是肌膚緊貼急救：抱著嬰兒緊貼母親肌膚，把母親的體溫轉到新生兒身上。這個技巧可防止失溫，促進餵母乳，避免感染。這也是我們所知最有力的救嬰方法之一。

魯奇要求嬰兒的姨媽給嬰兒肌膚緊貼急救，但是被姨媽拒絕，她怕附身嬰兒的邪靈也會控制她。

當時魯奇面臨選擇：她要親自為嬰兒做肌膚緊貼急救嗎？這個決定並不容易；對低種姓嬰兒做這麼親密的事，可能會引起她親戚的嘲弄。而且當地社群不熟悉這種作法，如果不成功，家屬可能把嬰兒之死怪到她頭上。

但當她看到嬰兒越來越冷，她忍不住解開沙麗把嬰兒放到她裸露的肌膚上，頭部放在她雙乳之間，再用一塊布蓋住她的頭和嬰兒遮羞兼保暖。魯奇這樣子抱了嬰兒幾分鐘，他的膚色似乎變回粉紅色了。她拿出溫度計量嬰兒體溫，好一點了，她又抱了幾分鐘再量體溫，又高一點了。現場每個女人都湊近來看嬰兒的體溫上升。幾分鐘後，嬰兒開始動了，然後活過來，哭了起來。嬰兒沒事了。他沒有被感染，他只是個需要保暖與擁抱的健康嬰兒。

母親恢復意識之後，魯奇告訴她剛才發生的事，教她肌膚緊貼照護法，然後教她開始哺乳。魯奇又待了一個小時左右，監督母親和嬰兒的肌膚緊貼照護姿勢，然後才離開那家人。

這個故事火速傳遍鄰近村落。

一夜之間，婦女們從「我們不確定這招有用」變成「我也要這樣照顧我的小孩」。那是計畫的轉捩點。除非新作法公開透明、有效又能造成口碑，否則無法改變民眾既往的行為，魯奇救活這個新生兒讓大家傳頌不停。這是所有婦女都做得到的方法，母親變成了救命者，這既能增強權力又造成地位轉變。

她們的杯子不是空的

我從席夫加之旅學到很多，對我來說最感動的一課——而且讓我們脫離先前的許多工作——是重點不在於科技進步。我們在基金會強調的向來是開發疫苗之類救命重大突破的科學研究，稱之為產品研發，而且持續當作我們的主要貢獻。但維許瓦吉和阿媞的新生母子計畫讓我領悟，分享全世界廣為人知的簡單作法就能有很大的成就，我深刻學到必須了解人性需求，才能有效的把服務與對策傳達給民眾。「傳送系統」很重要。

我說的傳送系統是什麼意思？用鼓勵大家使用的方式、把工具送到需要的人手中——那就是傳送系統。很重要，而且通常很複雜。它可能需要繞過貧窮、距離、無知、懷疑、汙名、宗教與性別偏見的障礙，這表示要傾聽民眾，學習他們要什麼，他們在做什麼，他們相信什麼，還有他們面臨什麼障礙。也表示要注意民眾怎麼過日子。如果你有救命工具或技巧希望傳送給民眾，就必須這麼做。

啟動計畫之前，薩克夏姆雇用當地的頂尖學生團隊，花了六個月跟社區合作，了解他們對分娩的現行作法與信念。維許瓦吉告訴我：「她們的杯子不是空的，你不能直接灌輸她們你的觀念。她們的杯子已經滿了，所以你必須了解他們杯裡有什麼東西。」如果你不懂社區作法的背後意義和信念，就無法以他們的價值觀和關切的脈絡呈現你的觀念，因為民眾不會聽你的。

傳統上，社區裡的母親會去找神職種姓的成員婆羅門，詢問什麼時候開始哺乳，他會說：「妳三天內還不能分泌母乳，所以最好在三天後才開始。」這類錯誤資訊妨礙母親提升權力。母親們會聽婆羅門的建議，於是在新生兒出生的前三天，他們會給嬰兒喝水——經常是被汙染的水。維許瓦吉和阿媞的團隊為此做了準備。他們溫和的質疑傳統作法，指出村民生活方式的一部分——即自然界的模式，他們引用母牛生小牛的例子。「當我們想擠奶但是母牛無法泌乳，我們會讓小牛吸牠，讓牛奶能夠分泌。所以妳們何不試試同樣的方式，讓嬰兒貼著乳房刺激分泌。」

村民們還是會說：「不行，這樣行不通的。」所以當地團隊找了社區裡幾個有勇氣和影響力的人設法說服他們。團隊人員知道如果他們能在年輕母親周圍創造支持的文化，母親就很可能嘗試新作法。待幾個母親試過，而且馬上能夠哺乳之後，他們才說：「等一下，我們以前不曉得可以這麼做！」後面進展就順利了，社區也開始嘗試其他新的保健作法。

在傳統文化中引發改變是很微妙的事，必須極度小心與尊重。透明度很重要，必須聽見不滿，失敗了也必須承認。必須有當地人帶頭。必須強調共同的目標，傳遞訊息必須訴求在民眾的經驗。必須有清楚迅速的效果，強調科學原理很重要。如果光靠愛心足以救命，就沒有母親會失去小孩了——我們需要科學。但你推銷科學的方法跟科學理論一樣重要。

每個村子都有產婆

從席夫加回到基金會之後，我跟員工討論傳送與文化意識對於拯救人命有多重要。我說我們必須繼續努力在產品上創新，科學與技術兩方面皆然，但我們也必須以跟創新同樣的熱情建立傳送系統，兩者都不可或缺。

容我用個私人的例子來說明。這件事我從來沒透露過，是關於家母的姊姊米拉。米拉阿姨跟我很親，成長過程中我稱她「我的另一個媽」。當她來找我們，會花時間跟我和我姊蘇珊玩著色和桌遊。我們也常去購物，她活力充沛又開朗，我對米拉阿姨的印象是她從來沒有低落過。

一九四〇年代家母和米拉還是小女孩時，在她們的大舅舅家裡玩，後來她們的大舅告訴我外婆：「米拉今天一定想偷懶，她要我送她回家。」

那晚米拉痛得慘叫醒來。我外公外婆帶她上醫院，一群醫生檢查出她罹患小兒麻痺症。他們用紗布包裹她的腿，煮開水，製作熱敷包。醫師們以為加熱有幫助，但是根本無效。三、四天後，她的雙腿癱瘓了。她在醫院住了十六個月，我外公外婆只在週日才獲准來看她。同時，社區的小孩沒人會再跟我媽玩。大家都被小兒麻痺病毒嚇壞了。

在四〇年代，治療小兒麻痺的最大困難是產品研發，也就是找不到疫苗。傳送系統不重要，因為根本沒東西可以遞送。那不是富足或貧窮的問題，科學創新尚未發生，任何人都無法抵抗小兒麻痺。

一九五三年約拿．沙克（Jonas Salk）研發出小兒麻痺疫苗，保護民眾免於小兒麻痺之苦的熱心努力就從產品研發轉到傳送系統，這時候，貧富就有差別了。富裕國家的人民很快就能接種疫苗，到了七〇年代末期，小兒麻痺在美國已經絕跡，但卻持續危害大半個世界，包括印度，地廣人稠讓小兒麻痺特別難以防治。但二〇一一年，印度的小兒麻痺絕跡，跌破大多數專家的眼鏡。這是全球衛生的最大成就之一，印度靠兩百多萬名接種者大軍，跑遍全國找每個小孩打疫苗而成功。

二〇一一年三月，比爾和我在印度最偏遠的比哈爾邦某個小村認識一位年輕媽媽和她全家人。他們是移工，窮到不行，在磚窯廠工作。我們問她的小孩有沒有打小兒麻痺疫苗，她走進小屋拿出一張免疫卡，上面有她小孩的名字和他們接種的日期。接種者不只找到她的小孩一次，他們還來了好幾趟。我們很驚訝。印度就是這樣消滅小兒麻痺

——靠著龐大、英勇、原創和高明的傳送系統。

認識那些把救命支援傳送出去的人，是我工作的重點之一。幾年前去印尼時，我認識了一位叫阿蒂·普加斯圖提（Ati Pujiastuti）的女子。阿蒂身為年輕女性，參加名叫「每個村子都有產婆」（Midwife in Every Village）的計畫，該計畫要訓練出六萬個產婆。她十九歲就完成受訓，被派到一個鄉下山村服務。

阿蒂剛到村子時並不受歡迎。民眾對外人有敵意又不信任，尤其是滿腦子只想怎麼改善事情的年輕女子。不知何故，阿蒂有鄉村長老的智慧，她挨家挨戶向每個人自我介紹，她參加每項社區活動，她拿地方報紙朗讀給不識字的民眾聽。村裡有電力之後，她還出錢買了一台小電視，邀大家來陪她看。

不過還是沒人想要她的服務，直到正好碰巧，有個從雅加達來到村裡的孕婦要生產，要求阿蒂幫她接生。分娩過程很順利，村民才開始信任阿蒂，不久後每個家庭在孕婦生產時都希望她在。即使要冒著生命危險，她每次也一定會想辦法在場——有一次她過河時腳步不穩，只能抓著河邊岩石等待救援；另一次她在懸崖邊泥濘的山路上滑倒；還有好幾次，她在沒鋪柏油的路上騎機車時摔倒；但她還是堅持繼續接生，因為她知道這是拯救人命。

我們需要女人在現場提供服務，我們也需要有遠見和權力的高階女性。其中一個就是盧安達的前衛生部長艾格妮絲・畢那瓦荷（Agnes Binagwaho）博士。

二〇一四年，艾格妮絲跟我合寫了一篇文章登在《刺胳針》期刊。我們呼籲大家重視並修正一個嚴酷現實，就能拯救新生兒的生命：低收入國家的大多數婦女在家分娩，也沒有熟練的助手。

把熟練的助產士放到每個產婦身邊，向來是艾格妮絲畢生最大的理想之一。

二十五年前這可不是任何人能猜得到的理想。一九九四年，艾格妮絲在法國當小兒科醫師時，開始聽到她家鄉傳來的可怕新聞；占大多數人口的胡圖族開始屠殺少數的圖西族。她在遠方驚駭得知一百天內將近一百萬人被屠殺，包括她丈夫的家人有一半被殺害。

艾格妮絲三歲就離開盧安達，隨父親舉家遷移到法國去上醫學院。但是大屠殺之後，她和丈夫決定回國協助重建。

回盧安達是個大震撼，尤其對在歐洲執業的醫師來說。即使大屠殺之前，盧安達就是世界最不適合分娩的國家之一，種族衝突讓情況更加惡化。幾乎全國所有衛生人員都逃亡或被殺了，富國又沒提供衛生援助。抵達一週後，艾格妮絲差點要走人。但她為無法離開的人傷心不已——於是她還是留下，成為該國史上任期最長的衛生部長，接下來二十年，協助盧安達建立新的衛生體系。

艾格妮絲領導的衛生部展開一項計畫，讓盧安達的每個村子（約三百到四五〇個居民）選舉出三個社區衛生人員——其中一個專做產婦保健。

這些改變獲得空前成功。大屠殺過後，更安全的分娩方式讓盧安達進步到幾乎超越全世界所有國家，新生兒夭折率減少了64%，產婦死亡率減少77%，盧安達被公認滅亡一個世代之後，衛生體系反而變成研究模範。現在艾格妮絲跟保羅．法默（Paul Farmer）博士合作，他是我心目中在海地與世界各國把健保帶給窮人的英雄之一。保羅與別人共同創立的衛生夥伴組織（Partners in Health）在盧安達新成立一所衛生科學大學，名叫全球衛生公平大學。艾格妮絲是副校長，負責傳送系統如何成功的新研究。

最能啟發我的是，艾格妮絲在盧安達的工作、阿蒂在印尼的工作和維許瓦吉與阿媞在印度的工作都證明，熱心強調傳送服務能夠緩解貧窮的影響。這也凸顯了漢斯．羅斯林關於極度貧窮的故事的價值：當你開始理解窮人的日常生活，不只會帶來助人的慾望，經常還能知道該怎麼做。

當民眾得不到其他大多數人的醫療資源，根據定義，問題就出在傳送系統上面。醫藥、服務和熟練的助手照顧不到他們。貧窮就是這個意思。他們活在邊緣，得不到人類懂得如何互助的裨益，所以我們必須發明方法去觸及他們。抗拒貧窮的影響就是這個意思。從科技立場來看並不迷人，但從人性觀點很有滿足感——感覺是科學應該服務每個人而推動的創新，沒有人應該被排除。

我謹記在心的教訓是：貧窮由障礙造成；我們必須繞過或打破那些障礙才能傳送對策。但不僅如此，我看到越多現場的工作，越發現傳送必須擬定策略。傳送的困難會揭露貧窮的原因，你會知道人們為何貧窮，不必再猜測障礙是什麼。你一嘗試傳送助力，就會遭遇障礙。

一個母親無法得到保護她小孩所需的東西，不只是因為她窮，而是其他更精確的原因，她接觸不到有最新知識和重要衛生器材的熟練接生人員。為什麼？可能有很多原因。她缺乏資訊，她沒錢，她住得很偏遠，她丈夫反對，她的婆婆懷疑，她不認為可以提出要求，她的文化背景不贊同。當你知道這些母親為何得不到需要的東西，才能想通該怎麼辦。

如果障礙是距離、金錢、知識或汙名，我們必須提供較近、較便宜、比較沒有汙名的器材和資訊。為了克服貧窮，我們必須找出與研究障礙，想清楚是文化上、社會上、經濟上、地理上或政治上的，然後迴避或闖過讓窮人不被切斷其他人享有的好處。

當我們開始花比較多時間了解民眾如何生活，會發現很多阻擋進步的障礙（和很多孤立的原因）都能追溯到女性生活所受的限制。

在深度貧窮的各國社會中，女人總被推到邊緣，女人是外人。這不是巧合。當社群排擠任何群體，尤其女性，所造成的危機只能靠把外人拉回來解決。這是貧窮和幾乎任何社會弊病的核心對策——接納被排擠者，到社會邊緣去把每個人帶回來。

我讀小學的時候，有兩個坐在後排的女生很聰明，但是沉默又有點社交障礙。還有另外兩個女生，很有自信又擅長社交，常坐在前排。受歡迎的前排女生老愛找後排女生的麻煩，我說的可不是每週一次，而是接連不斷。

她們會很小心在老師看不見、聽不到時才出手——所以沒人阻止她們。沉默的女生變得更沉默，她們害怕抬頭跟人眼神接觸，因為會引來更多霸凌。她們受了很多罪，即使事過境遷，痛苦也不會消退。幾十年後在同學會上，有個受歡迎的女生道歉了，被霸凌的其中一人說：「妳也該說些什麼了。」

我們都見過這種事，我們都在其中扮演某個角色。我們不是惡霸，就是受害者，或者是發覺霸凌卻袖手旁觀的人。我是後者，我看到了我剛才描述的一切，但我沒有阻止，是因為我怕如果說出來，惡霸也會轉頭找上我。我真希望我早點知道如何找到我的聲音，也幫助其他女生找到她們的。

成長過程中，我以為那種霸凌會越來越少。但是我錯了，成年人也會想要製造外人。其實，我們對此更加擅長，我們大多數人會落入三個群體之一：想製造外人的人，被迫感覺像外人的人，還有袖手旁觀不阻止的人。

任何人都可能被迫感覺像外人，端看有權力排擠的人而定，而且通常是以種族為基礎。根據一個文化的恐懼與偏見，猶太人可能被當作外人，穆斯林可能被當作外人，基督徒可能被當作外人，窮人永遠是外人，病人經常是外人，殘障者可能被當作外人，LGBTQ社群的人可能被當作外人，移民幾乎總是外人。在每個社會中——即使在自己的家裡，女人都可能被迫感覺像外人。

克服製造外人的慾望是我們身為人類最大的挑戰。這是終結嚴重不平等的關鍵。我們把引發我們內心想要避免的感覺的人汙名化，推到邊緣，所以社會邊緣才有那麼多老弱病窮。我們很容易排擠具有我們最害怕自己也有的特質的人——有時候錯誤歸咎於我們否定的特質專屬於特定群體，然後排擠那些群體以做為否認我們也有的方式。這是驅使宰制群體把不同種族與宗教團體排擠到邊緣的因素。

我們經常對事情的真相不誠實。如果我們在內部看到某人在外部，經常會告訴自己，「我不會落入那種處境，因為我**不一樣**」。但這只是驕傲而已，我們**很容易**就會變成那個人。我們內心什麼東西都有，我們只是不喜歡承認跟外人有什麼共同點，因為太丟臉了，這或許暗示人生的成功或失敗並不盡然公平。如果你知道你占了優勢，那麼就必須謙卑。放棄你的優越感說出「我並不比其他人高明」也許挺痛苦的，所以我們改幫排擠的慾望找藉口。我們說這一切事關好處或傳統，其實只是在保護我們的特權和驕傲。

在漢斯的故事中，來自森林小村莊的母親因為她是外人而喪命，因為她是外人而失去小孩。她的家屬對把遺體送回村子的醫生產生好感，因為他們是外人，他們不習慣被人尊重對待，所以他們才遭受這麼多死亡。

拯救人命就從把每個人拉回來開始。我們的社會在沒有外人的時候才會最健康，我們應該努力去做，我們必須持續減少貧窮和疾病，我們必須幫助外人抵抗意圖排擠者的權力。但我們也必須做好內心修養：我們必須察覺我們排擠的方式，我們必須向被排擠到邊緣的人張開我們的手臂和心胸。只幫助外人找到回來的路是不夠的——當我們不再排擠任何人，才算是真正的勝利。

第三章

每一件好事情：家庭計畫

到維許瓦吉和阿媞訓練社區參訪衛生人員參與在家分娩的計畫之後，過了幾天我又去參訪一個叫做「Sure Start」的新生母子健康計畫，主旨是鼓勵產婦到有受訓的助產士和醫療設備的診所生產。

抵達計畫現場後，我應邀去看二十五位孕婦根據良好衛生原則玩猜謎遊戲，她們回答有關初期哺乳和第一小時內嬰兒照護的問題。然後我又見了以孕婦和家屬、主要是婆婆和姑嫂為核心的婦女團體。我問孕婦她們參加計畫是否遭遇家人抗拒，我又問婆婆們所見情況跟她們自己懷孕時有什麼不同。有位老太太告訴我，她在家裡生了八個小孩，但是有六個在出生一週內夭折，現在她兒媳初次懷孕，希望她儘量受到最好的照顧。

當天下午，我去參觀一位名叫蜜娜（Meena）、兩週前剛生小孩的母親的家。蜜娜的丈夫在自家附近做日薪零工，他們除了剛出生的這個小孩有獲得 Sure Start 支援，到診所生產之外，其餘都是在家中生產。我們交談時蜜娜把嬰兒抱在懷中。

我問蜜娜這個計畫有沒有幫到她，她熱情的回答有。她覺得在診所生產對母子都比較安全，她當天就開始哺乳，讓她感覺可以立刻自由的跟嬰兒培養感情，她喜歡這樣。她很活潑，很積極。顯然她對計畫很滿意，所以我也滿意。

後來我問她：「妳想要生更多小孩嗎？」

她看我的表情像是我剛罵了她。她垂下目光尷尬的沉默許久，我擔心我說了失禮的話，也可能是口譯翻錯，因為蜜娜一直盯著地上。然後她抬起頭，看著我的眼睛說：「我其實不想，我不想再生了。我們很窮，我丈夫努力工作，但我們還是窮翻了。我不知道怎麼養這小孩，我不指望他能夠受教育。其實，我對這孩子的未來一點希望也沒有。」

我嚇呆了。大家通常都說好消息，我還經常得旁敲側擊才能問出實情。這女人有勇氣告訴我痛苦的完整實話，我連問都不用問，而且她還沒說完。

「我對這孩子未來的唯一希望，」她說：「就是妳把他帶回美國。」這時她把手放在大腿上的兩歲兒子的頭上說：「請把他也帶走。」

我一陣暈眩。轉瞬間，我們從健康分娩的愉快對話轉變成關於苦難母親的黑暗自白

——苦難大到寧願把孩子送給別人也不願留下他們。

當女人願意跟我分享她的苦惱，我認為是個殊榮。我專心聆聽，表示同情，然後設法指出某些正面之處。但如果我在當下試著向蜜娜說些鼓勵的話，會很虛偽、得罪人。我問她問題，她老實回答我，我假裝正面就是否定她的痛苦。她描述的痛苦超出了我的想像，她覺得讓小孩有好生活的唯一辦法就是幫他們找個新媽媽。

我儘量溫柔的告訴她，我自己也已經有三個小孩，而且她的小孩愛她，也需要她。接著我問：「妳聽說過家庭計畫嗎？」她說：「我剛剛知道，但你們沒有早點告訴我，現在來不及了。」

這位年輕媽媽感覺自己徹底失敗，我也是。我們太令她失望了。我百感交集，甚至忘了當時我們怎麼散會或怎麼道別。

那趟旅程剩下的時間，蜜娜在我腦中揮之不去。我花了很久才能完全理解，顯然，讓她在醫療設施生產是好事，但是不夠好。我們沒看清大局。我們有新生母子健康計畫，向待產的母親大談她們母子健康的需要。我們戴著有色眼鏡看待工作，但是我們該用的是蜜娜的觀點。

我跟低收入國家的婦女談話時，看不出身為女人，為自己和子女爭取的東西有什麼地域差別。我們都希望孩子安全、健康、快樂、學業優良、發揮他們的潛力，長大獨立成家立業——愛人也被愛。我們也希望自己健康，發揮自己的天賦，跟社區分享。

無論何處的女性，家庭計畫對滿足以上需求都很重要。必須是這樣一個有勇氣的女人才能把這個訊息燒錄在我腦中，她的痛苦成為我工作中的轉捩點。如果有人告訴我殘酷的實話，我相信她是替沒這麼大膽的其他人代言的。這讓我更加注意，然後我發現其他人也一直在說同樣的話，只是比較含蓄。我沒聽見是因為我沒有真的在傾聽。

我跟蜜娜談話之後不久，前往馬拉威去參訪一家衛生中心。中心有疫苗接種室、病童診療室、ＨＩＶ病患診療室，還有家庭計畫室。婦女們大排長龍等著進家庭計畫室，我跟其中幾位攀談——問她們從哪裡來，有幾個小孩，何時開始使用避孕用品，用過哪種避孕用品。我愛管閒事，碰巧遇上婦女們也很願意談她們的生活。有個女人跟我說她來打針，但是事先無法知道有沒有存貨，其他女人都點頭。她們說她們要走十哩到診所，卻不確定抵達後有無針劑可用，很多次都缺貨，所以她們拿到別種避孕用品。例如她們可能拿到保險套，因為愛滋病的緣故，診所供應量通常很充足。但是保險套對想避孕的女性沒什麼幫助。婦女們一再告訴我：「如果我要求丈夫戴保險套，他會打我。就像是我在指控他偷腥染上ＨＩＶ病毒，或者說我偷腥染上了ＨＩＶ。」所以保險套對許多婦女沒用，但是衛生所會宣稱他們避孕用品儲備充足——其實他們只有保險套。

聽到大多數婦女異口同聲說走大老遠路卻打不到針之後，我走進房間裡發現，其實診所根本沒有大家要的針劑。這對婦女們可不是微小的不便，她們不是開車找下一家藥房就好，這裡根本沒有藥房。即使她們可以步行很遠，也沒有這些婦女能用的其他避孕用品。我不清楚那天我認識的婦女有多少人因為衛生所的避孕用品缺貨而懷孕了。

出乎預期的懷孕對已經養不起現有小孩，或太老、太年輕、有疾病不適合懷孕的婦女可能是毀滅性的。拜訪蜜娜讓我了解到世上有不曉得避孕用品的婦女，走訪馬拉威則讓我知道即使有婦女知悉也想要避孕用品，卻得不到。

婦女想要避孕用品對我不是新鮮事。我從自己的人生早已知道，這也是我們在基金會支持的事情之一。但幾趟出差之後，我開始了解這對婦女而言，是第一核心要務。

當女性能安排與隔開生產時間，產婦死亡率會降低，小孩夭折率也降低，母子都比較健康，父母比較有時間精力照顧每個小孩，家庭可以投注更多資源在每個人的營養和教育。沒有更強大的干預方式了——可惜這也最容易被忽視。一九九四年，開羅舉行的國際人口與發展會議從世界各地吸引一萬多名與會者。那是同類會議中舉辦過的最大規模，也是歷史上早期對女權的宣言。會議敦促增強女性權力，為女性健康和教育設定目標，宣布包括家庭計畫的各種生殖衛生服務是基本人權。但在開羅會後，各方資助的家庭計畫明顯縮減。

這是避孕用品在二〇一〇到二〇一一年間成為我的頭號議題的一大理由。我去哪裡都不斷遭遇這個主題。二〇一一年十月在西雅圖，英國國際開發部長安德魯．米契爾（Andrew Mitchell）出席我們基金會主辦的瘧疾高峰會，向我提出一個構想：我們有沒有興趣翌年再辦一場關於家庭計畫的高峰會？（當然，那就是我在第一章敘述的峰會。）

我覺得國際家庭計畫高峰會的概念既可怕又興奮，是個大案子。我知道我們必須強調設定目標、改進資料、採用更好策略。但我也知道如果我們要設定遠大目標並且實現，必須面對困難得多的挑戰。我們必須改變關於家庭計畫的對話。因為節育的扭曲歷史，對於避孕用品已經不可能有感性、理性、務實的討論了。家庭計畫鼓吹者必須表明我們說的不是人口管制，我們說的不是脅迫。峰會議題重點不是墮胎，是滿足婦女對避孕用品的需求，讓她們自己選擇是否與何時生小孩。我們必須改變對話方式，納入我見過的那些女性的例子。我們必須把她們的聲音——先前被忽略的聲音帶進來。

所以在高峰會開幕之前，我走訪尼日，那是世界上貧窮率名列前矛的地方，極少人使用避孕用品，婦女平均生超過七個小孩，婚姻法允許一夫多妻，繼承法中女兒繼承權只有兒子的一半，是沒生孩子的寡婦就毫無權利的特殊社會。據救助兒童會說法，尼日是「全世界最不適合當媽媽的地方」。我去那裡傾聽女人的聲音，會見那些母親。

我跑到首都西北方大約一小時半車程的某個小村，跟名叫莎蒂・塞尼的秋葵農民兼母親見面（我在第一章也提過她）。莎蒂十九歲結婚，在尼日算年紀大了，該國將近76%的十八歲以下女性已婚。生第一個小孩後，莎蒂隔七個月又懷孕。她直到生第三個小孩，當地簡陋診所的醫生告訴她避孕用品的事，才得知家庭計畫。接著她開始分隔生產時間。我認識她時，莎蒂已經三十六歲，有六個小孩。

我們在莎蒂家裡談話。她坐在我對面的床上，身邊有兩個小孩，另一個窩在她腿上，一個站在她背後的床上，兩個最年長的小孩坐在附近。他們都穿著五顏六色的衣服，圖案各自不同，莎蒂和年長的兩個女孩戴著頭巾；莎蒂的是純紫色。陽光從窗戶照進來，被她們掛起的床單遮住了一部分，莎蒂活潑的回答我的問題，顯示出她很高興受訪。

「沒有家庭計畫的時候，」她說：「家裡每個人都痛苦。我後面揹一個，肚裡還懷著一個。老公必須借錢才能生活，但那樣還是不夠。沒有家庭計畫的時候太痛苦了，我經歷過。」

我問她是否想再生一個，她說，「除非最小的至少四歲，不然我不打算再生。如果她四歲了，就可以跟弟弟或妹妹玩，她可以揹他們。但是目前，如果我要給她生個弟弟，好像在懲罰她。」

我問她婦女們是怎麼知道避孕用品的，她說：「在這裡當女人的好處就是我們常常聚集聊天，我們聚在樹下搗小米時聊天，我們在小孩出生宴會上聊天，我就是這樣告訴姊妹們打針的事，比起吃藥多麼好用。我叫她們應該去打，讓自己跟孩子們好過一些。」

讓自己跟孩子們好過一些——沒有聽不懂這句話的母親吧？

隔天我拜訪首都尼亞美的國家生育衛生中心。我們參觀之後，碰巧有在現場求助的五個婦女加入我們的對話。兩個年輕女子把生活詳情告訴我們，然後我們聽一個名叫阿迪莎（Adissa）的四十二歲健談媽媽講話。阿迪莎十四歲就嫁人，生了十個小孩，有四個夭折。第十次懷孕後，她來到家庭計畫中心裝了子宮避孕用品，再也沒有懷孕。因此她丈夫和小姑都起疑，問她為什麼最近都沒生小孩。她只回答說：「我累了。」

我問阿迪莎她為何決定裝避孕用品，她坐下來想了一會兒。「當我有兩個小孩，我有東西吃，」她說：「現在，我沒辦法。」她老公每天只給她略微超過一美元的錢，卻要照顧全家人。

我問阿迪莎她對在場的年輕媽媽有什麼忠告，她說：「如果你無法照顧你的小孩，就只是在訓練他們當賊。」

幾分鐘後我們起身準備離開。阿迪莎走向沒人碰過的食物托盤，把大多數東西放進她袋子裡，擦掉一滴眼淚，走出了房間。

我回想著剛才聽到的話，好想讓每個人都聽到阿迪莎的故事。我想要由被忽略的——想要也需要避孕用品的——婦女主導的對話，告訴大家她們和家屬受苦只因為她們拿不到避孕用品。

忽略女人的舊對話

改變對話一直比我預期的困難得多，因為那是很老舊的對話，立足在不易消除的偏見上。我們現在的對話一部分是在響應瑪格麗特・桑格（Margaret Sanger）的工作，她留下了難解的遺產。

一九一六年，桑格在美國開設第一家提供避孕用品的診所。十天後，她被逮捕。她申請保釋，回去工作，又被逮捕。當時發送避孕用品是違法的，開診斷、打廣告或談論也違法。

桑格生於一八七九年，母親總共生下並且照顧十一個小孩，年僅五十歲就死於肺結核和子宮頸癌。母親的死鼓勵了桑格成為護士，她在紐約市貧民窟工作，服務貧窮又缺乏避孕用品的移民媽媽們。

桑格演講時說過一個故事，她曾經被叫到一個二十八歲女人居住的公寓去，對方為了避免再生小孩，竟然自行墮胎而差點喪命。那個女人發現自己差點死掉，問醫師她該怎麼做避免再懷孕。醫師建議她叫丈夫睡到屋頂上。

三個月後，那個女人又懷孕了，再次嘗試墮胎，桑格又被叫到她家去。但這次女子在桑格抵達後過世。聽桑格說，此事促使她辭掉護士，發誓「除非讓美國的職業婦女都具有節育的知識。我絕不再接受這種案例」。

桑格認為，除非女人能避免不想要的懷孕，才能促成社會的改變。她也認為家庭計畫是言論自由的問題。她公開演講，遊說政治人物，發表關於避孕用品的專欄、宣傳冊和報紙——這些在當時都是違法的。

一九一六年桑格被逮捕，使她聲名大噪，接下來的二十年間有一百多萬個婦女焦急的寫信給她，求助要弄到避孕用品。有個女人寫道，「**我為了幫助兩個孩子能過好日子什麼都願意做，我隨時活在可能不久又要懷孕的恐懼中。生了十二個孩子的母親。**」

另一個寫道，「**我有心臟病，我想要活著養大這四個孩子，不想再生更多還可能死掉。**」

一位南方農場婦女寫道，「**我必須揹著寶寶下田，我看過他們的小臉蛋被大太陽曬得起水泡……老公說他打算叫女兒們犁田，但我不想讓更多小孩成為奴隸了。**」

這些婦女的來信發表在一本叫作《被束縛的母親》（*Motherhood in Bondage*）書中。

桑格寫道，「**她們鼓起勇氣向我這個陌生人告白，因為以她們直覺的信念，她們相信我可能伸出遭丈夫、牧師、醫師或鄰居拒絕的援手。**」

我閱讀這些信件時，腦中浮現工作時經常想起的一首歌——我小時候在天主教學校每週參加彌撒五次，在教堂經常聽到的歌憂鬱得令人心碎，但美麗又難忘，結尾疊句是這樣的：「**主聽得見窮人的哭聲。**」修女教我們，信徒的角色就是回應那些哭聲。

這些女人信中求救的哭聲跟蜜娜、莎蒂、阿迪莎或我在衛生所與民宅交談過的很多女性的心聲沒什麼差別。她們時空距離很遙遠，但是掙扎著想被聽見、以及社群不願聆聽的情況很相似。

各國文化中，反對避孕用品者都有潛在對女性的敵意。把瑪格麗特．桑格定罪的法官說過，婦女沒有「性交時帶著不會受孕的安全感的權利」。

真的嗎？為什麼？

那個判桑格服勞役三十天的法官表達的是一個普遍的觀點，女人的性行為如果跟生小孩的功能切割開來就不道德。如果女人取得避孕用品逃避生小孩，在美國是違法的，這都要歸功於安東尼．康史塔克（Anthony Comstock）的作為。

康史塔克生於康乃狄克州，內戰期間在北軍服役，一八七三年創立了紐約反惡俗學會，推動後來以他命名的法律，讓某些事情──包括透過郵件發送資訊或廣告避孕用品，或避孕用品本身都違法。康史塔克法案也設立郵局特殊幹員的職位，有權攜帶槍與手銬逮捕違反這項法律者──專為康史塔克而設的職位，他很喜歡這個角色。他租了郵政信箱寄出假請求給他懷疑的人，如果獲得回應，他就上門去逮捕寄件人。有些落入他陷阱的女人自殺，寧死也不接受公開審判的恥辱。

康史塔克是那個時代的產物，他的觀點被掌權人物放大了。引進這項法律的國會議員在辯論中說過：「這個國家的好男人……會以決心和活力行動去保護他們生活中最寶貴的東西──家屬的神聖與純淨。」

法案輕易通過，各州議會也通過他們自己的版本，通常更加嚴格。在紐約州，即使是醫師談論避孕用品也違法。這次立法當然沒有女性支持，也沒有女性投票給支持它的男人。幾十年後婦女才有投票權。避孕用品非法化的決定是男人替女人做的。

康史塔克對動機很坦白。他說這是他對抗「所有其他犯罪的好同伴──色慾」的私人聖戰。他參加白宮活動看到化妝、頭髮抹粉、身穿「下流服裝」的女人之後，稱她們「完全令每個純潔、高貴、謙卑女性的愛人做嘔至極。」「我們怎麼可能尊重她們？」他寫道，「她們讓我們的土地蒙羞。」

在康史塔克和他的盟友眼中，女人一生中有權扮演的角色極少：只有結婚服侍男人、生產與照顧小孩。任何偏離這些義務的事都會帶來汙名——因為女人在這個世界上沒有權力為自己而活，不是為了促進教育或職業成就，當然更不是為自己享樂而行動的人類。女人的樂趣，尤其是性愉悅，對維護社會秩序者非常可怕。如果女人自由的追逐自己的樂趣，會危害男性默契法則的核心——「妳存在是為了**我的**樂趣！」男人覺得他們必須控制她們樂趣的來源。所以康史塔克等人極力用汙名當武器，把女人困在她們的現狀，女人的價值只能來自對男人與小孩的服務。

男人想要管制女人性行為的慾望，即使一九三六年第二巡迴法院判決醫師可以建議病患節育方法並提供避孕用品之後，仍在美國盛行。雖然有此進步，對避孕用品的諸多限制仍存在全美；一九六五年，最高法院在格利斯瓦對康乃狄克州政府案判決限制避孕用品妨礙婚姻隱私，但是只解除對已婚者的限制！它沒提到未婚者的權利，所以單身女性在許多州仍然拿不到避孕用品。這不算太久以前的事，有七十幾歲的女性在一些活動中來找我說：「我得騙我的醫生誤認我已婚，否則無法拿到避孕用品。」未婚女性直到一九七二年的埃森史塔特對貝爾德案（Eisenstadt v. Baird）才擁有避孕用品的法定權利。

這一連串關於家庭計畫的對話立足於社會對女人性慾的不安，這個對話的脈絡至今絕對還在。如果女人公開宣傳衛生計畫中避孕用品的價值，就會有厭女的男人聲音想羞辱她，說：「我可不想補貼什麼女人的性生活。」

為了性慾羞辱女人，是淹沒想要決定是否與何時生小孩的女性聲音的標準戰術。但那不是唯一壓抑女性聲音的討論，現今許多利益團體仍試圖以很難聚焦在避孕用品上的對話方式控制女性的生育。

為了控制自身的人口，中國和印度都在一九七〇年代採行了家庭計畫。中國制定了一胎化政策，而印度轉向絕育的政策。在一九六〇到七〇年代，美國的外交政策根據人口過剩將導致大量飢荒，還可能因為缺糧發生大規模遷徙的預測而歡迎人口控制。

在二十世紀前期，美國的生育管制鼓吹者也推銷他們的論點，許多人希望幫窮人避免生下不想要的小孩。有些鼓吹者是優生學家，想要消除「不適者」並鼓勵特定群體少生育甚至根本不生。

桑格本身支持某些優生學家的立場。優生學在道德上令人厭惡，科學上也不被認同，但是這段歷史現今被用來混淆關於避孕用品的對話。反對避孕者提出優生學的歷史，企圖抹黑現代避孕用品，他們主張因為避孕用品曾被用在某些不道德的目的，因此也不該用在其他目的，即使只是讓媽媽在生下一個小孩之前多等一會兒。

還有另一個議題阻撓了關於避孕用品清晰聚焦的對話，那就是墮胎。在美國與全世界，對於墮胎的情緒與私密的辯論，可能模糊了避孕用品有能力拯救人命的事實。避孕用品不但拯救母親與新生兒的生命，避孕用品也能減少墮胎。根據最近的資料，使用避孕用品的結果，每年在全世界的窮國就減少了兩千六百萬次不安全的墮胎。

某些反對避孕者不承認避孕用品減少墮胎的角色，卻把它跟墮胎混為一談。讓女人選擇是否或何時生小孩的簡單訴求很有威脅性，反對者就拚命把重點轉移到別的地方。他們設法讓避孕用品的辯論重點落在墮胎，這對於破壞對話很有效。關於墮胎的辯論激烈到不同陣營的人經常不肯互相討論女性衛生問題。然而，如果人家不肯跟你說話，就無法發生對話。

天主教會強烈反對避孕用品也影響關於家庭計畫的對話。除了政府，教會是世界上最大的教育和醫療服務提供者，對窮人的生活有很大的影響與衝擊，在很多方面是有益的。但是，如果教會不鼓勵女性取得需要的避孕用品，讓她們的家庭脫離貧窮，就另當別論。

上述都是幾百年來甚至更久在我們世界中聽過的對話。每種對話多多少少淹沒了老幼女性和媽媽的聲音和需求，所以我們在二〇一二年舉辦第一屆峰會有個重要目標：創造由被忽略的女性主導的新對話——女性想要不受政策制定者、規劃者或神學家干涉自己生不生小孩，因為那些人的觀點會迫使女性比自己想要的多生或少生小孩。

那天我在倫敦開幕致詞時詢問各代表團：「我們能不能讓女性在她們需要時更容易取得所需的避孕用品？」我談到幾年前我出差到奈洛比的柯洛高喬（Korogocho）貧民區，字面意思是「摩肩擦踵」。我在那裡跟一群婦女討論避孕用品，有個叫瑪莉安的年輕媽媽說：「妳想知道我為什麼避孕嗎？」然後舉起她的寶寶說：「因為我想在我懷下一個之前，把所有好東西先給這個孩子。」那是普世的願望，但實施家庭計畫卻不被認同。我提醒會議中的每個人，這就是我們來開會的理由。

然後，為了強調峰會的重點是讓女性主導對話，我讓到一旁，邀另一位女性上台完成我的致詞。

發言者是珍．歐泰（Jane Otai），我跟瑪莉安談話時的口譯。珍在柯洛高喬區有七個小孩的家庭長大之後，離家去讀大學，然後回來幫助跟她有相同困難的女生。

珍向聽眾談起在貧窮中長大，她說：「家母告訴我，『妳想要做什麼職業都可以。妳只要非常努力念書——然後等待。別像我這麼早生小孩。』」珍的結論是：「因為有人很早教我家庭計畫的觀念，我能夠隔開我的小孩的出生時間，延後初次懷孕的時間，所以我才能在這裡。要不是有家庭計畫，我會跟柯洛高喬的其他小孩沒什麼兩樣。」

高峰會後——一段老掉牙的對話

高峰會被譽為一大成功，獲得空前的財務支援宣示，與全球的組織和政府結為夥伴，但我很快就知道改變對話還是很困難。

峰會一開完，我就在梵蒂岡的官方報紙《羅馬觀察報》（*L'Osservatore Romano*）頭版被指名批評。報上說，我已「誤入歧途」，而且「被錯誤資訊混淆」，還說每個基金會都能為了自身的目標自由捐獻，但不能「堅持錯誤資訊，用虛假的方式呈現事情」。那篇文章指控我輕視或扭曲自然家庭計畫的價值，暗示我被等著販賣避孕用品獲利的企業操縱了。它說，我們在峰會發起擴大發放避孕用品運動是基於「沒有根據和不良的理解」。我注意到那篇文章針對我和企業，強調教會的教誨而非婦女的需求。

後來《富比士》雜誌說那篇報導顯示我「經得起打擊」。我早料到會有打擊——我也預料到網路評論會稱呼我為「前天主教徒梅琳達．蓋茲」或「所謂的天主教徒梅琳達．蓋茲」——但還是會痛。我的第一反應是「我不敢相信他們會這麼說！」（這可能是菜鳥公眾人物的典型反應！）但是過幾天之後，我冷靜下來，理解教會為何說那些話。我不同意，但是我理解。

峰會之後，我見過一些教會的高階官員，但我們的會談不是聚焦在教義或歧異，我們談我們可以一起為窮人做些什麼。他們知道即使我不認同，但我了解教會反對避孕的基礎，他們也知道我們有些類似的擔憂。我們都反對以任何方式脅迫女性去限制她們的家庭人數，我們也都反對富國把小家庭的文化偏好強加在傳統社會上。如果女人因為信仰或價值觀不想用避孕用品，我會尊重。我沒興趣命令婦女們要有幾個家人，也不想汙名化大家庭。我們的家庭計畫工作把倡議留給我們服務的女性，所以我相信自願性家庭計畫並支持多種方法，其中也包括某些人偏好的自然認知避孕法[1]。

不過當然，我很想要表達我跟教會的不同觀點。避孕用品拯救了數以百萬計的婦女和小孩生命，那是醫學上的事實。所以我相信各地的所有女人，不分信仰，都應該有健康時機和間隔懷孕的資訊，如果想要就能拿到避孕用品。

但是相信家庭計畫與扮演帶頭鼓吹違反教會教導的角色之間有很大的差別，後者不是我很想做的事。當我考慮是否該繼續時，我跟我父母、從小就認識的神父和修女、某些天主教學者、比爾和孩子們商量，我的問題之一是「你能否採取違反教會教導的行動但仍然是教會的一分子？」他們告訴我，看情況，你是否忠於你的良心，還有你的良心是不是教會灌輸你的。

以我的例子來看，天主教會的教導形成了我的良心，帶領我投入這項工作。對我來說，行動中的信仰表示前往社會的邊緣，找出那些被孤立的人，把他們拉回來。當我前

1　編注：natural fertility awareness methods，例如避開生理週期的危險日。

往現場會見詢問我避孕用品的婦女，就是把信仰貫注到行動中。

所以，對，教會的教導確實反對避孕用品——但教會有另一項教導，就是愛你的鄰人。當希望小孩幸福的婦女向我索取避孕用品，她的懇求讓兩種教導發生了衝突，而我的良心要我支持婦女讓小孩活命的願望。對我而言，那更符合基督教誨我要愛我的鄰人。

最近十年來，我嘗試去理解教會裡某些最反對避孕用品者的想法，我也希望他們能理解我。我相信如果他們面對三十七歲有六個小孩、健康狀況無法再生產與照顧更多小孩的媽媽請求，他們會在心裡想辦法破例。「傾聽」就是這麼回事，讓你開放心胸，引出你的愛心——愛心比教義急迫多了。

所以我不認為我的行為跟教會衝突，我反而感覺是在遵守教會更崇高的教誨。我感覺到神父、修女和普通信徒強力支持此事，他們告訴我，當我為開發中國家需要避孕用品去拯救小孩生命的婦女發聲，就有穩固的道德基礎。我歡迎他們的指點，大多數天主教婦女使用避孕用品而且道德上認為可以被接受，也讓我比較放心。我也知道道德問題終究是私人問題。在良心的議題上，多數少數不重要。無論別人有何觀感，只有我必須為我的行為負責，這就是我的答案。

在奈洛比進行中的新對話

如我先前所述，我們開始規劃高峰會時，決心聚焦在目標與策略，會後我們決定到二〇二〇年時要把更多避孕用品送到六十九個窮國、一億兩千萬婦女手中，到二〇三〇年要全球普及——目標是這樣。四年後，在我們活動的中點，資料顯示使用避孕用品增加了三千萬次，表示總共有三億婦女正在使用現代避孕用品。數字聽起來不錯，但比我們希望的少了一千九百萬。

我們在二〇一六年學到兩個重要的教訓。首先，我們需要更好的資料。這對於幫我們預測需求、了解成效、協助製藥公司設計副作用較少、容易使用又便宜的產品很重要。第二，我們再度學到婦女不是在真空中做決定；她們會被丈夫和婆婆的觀點影響——那些傳統可不會輕易改變。所以除了收集更多資料，我們必須更了解我們的夥伴在那些可能敵視避孕用品的社區如何運作，他們如何處理把避孕用品送到未婚年輕人手中等敏感問題。

為了了解這些區域的某些重大成功，我在二〇一六年夏季前往東非——肯亞比目標超前許多，我想知道為什麼。

第一站我停留在奈洛比，我去拜訪收集資料的女士。我們稱她們是駐地計算者（resident enumerators），簡稱RE。她們在社區裡挨家挨戶訪問婦女，把資料輸入她們的手機。她們經過訓練，可以去問很私密的問題：「妳上次性交是什麼時候？妳有用避孕用品嗎？哪一種？妳生過幾次小孩？」大多數時候，她們訪談的婦女很樂意回答。被詢問有種權力提升的感覺，發出的訊息是妳的人生很重要。

駐地計算者得知很多受訪者的生活細節，但不太懂怎麼呈報資料。有個RE告訴我，她去過夫婦和十二個子女同住的家庭。婦人的丈夫反對家庭計畫，在門口就把RE趕走。但後來婦人遇到RE——RE就住在她們服務的社區裡，婦人請她在丈夫出門時再過來跟她的九個女兒談談。很不幸，我們還不知道怎麼讓資料呈現愛操縱人的丈夫把RE趕走的故事。

我跟一位RE、克莉絲汀走訪當地家庭時，親自看到了呈報資料的困難。她調查到一半時，把手機交給我要我收尾。我問那位媽媽她有幾個小孩，她說兩個女兒；我問她生過幾次小孩，她說三次——然後就哭了起來。她說她的兒子死於難產，又告訴我她老公變得暴力，毆打她，砸毀她辛苦建立的美髮沙龍所有椅子和設備的痛苦故事。她帶著女兒搬回娘家住，接著她跟別的男人生了第二個女兒，但她一直沒有穩定的收入，所以付不出女兒的學費和醫藥費，有時候連飯都沒得吃。

我聽著這個傷心的故事，努力把資訊輸入手機，我很洩氣，她的故事打敗了設置來記錄她人生實情的系統。她受虐的婚姻如何影響她的收入？她的收入如何影響使用避孕用品和她小孩的健康？即使我問了問題，也沒地方放答案。

要怎樣才能更完整了解她的人生呢？你無法滿足你不懂的需求。稍後我跟陪我挨家挨戶拜訪的女士們談起這個問題。她們都點頭。她們都想要問更多問題——關於乾淨水源、兒童健康、教育、家暴等。克莉絲汀對我說：「如果我們能詢問家暴的事，就是向婦女示意那是不能被允許的行為。」她說的沒錯，這是我們持續的計畫——改善資料系統，以便問更多問題，收集更多資訊，掌握婦女們故事的本質。從來沒有無所不包的系統，所以系統無法取代親自聽婦女的故事。但我們必須繼續努力取得更好的資料，才能理解我們服務對象的生活。

我們來計畫吧

我也急著走訪肯亞去看一個叫做Tupange的計畫，這個俚語的意思是「我們來計劃吧」。Tupange在肯亞的三個大城市中促進使用避孕用品成績優異，我能理解原因。在地人帶我到一場有露天市集氣氛的社區活動。Tupange的代表們在場外唱歌跳舞，幫忙吸引路人參加活動，在場內，有志工穿上掛著各種避孕用品的大圍裙走來走去——最有效的方法在最上面，最沒效的方法在底下。有些攤位提供關於HIV、HPV、家庭計畫和營養學的諮詢。這是讓醫療與家庭計畫容易取得又不帶汙名的好辦法。氣氛與對話意外的開放——對於推廣在許多方面仍是當地禁忌的議題時，這是個了不起的成就。Tupange有很多倡議，但每一項在某方面都是挑戰汙名和社會規範。這就是他們成功的關鍵。

我最先交談的Tupange領袖之一是蘿絲・米沙提（Rose Misati），她小時候每當母親懷孕就滿心恐懼。每個新弟妹誕生，都表示蘿絲要負擔更多照顧的義務，做更多家事，讀書時間變少。她開始待在家無法上學，課業落後。蘿絲十歲時，她媽媽生下第八個小孩，後來有個醫療人員上門，隔天又來，蘿絲記得她母親叫她拿一杯水和某種藥丸來。蘿絲再也沒有新弟妹要照顧了。

有時候母親能為小孩所做最大的好事，就是別再生了。

蘿絲在學校開始跟上進度，考試表現良好，被奈洛比大學錄取。現在她是藥劑師，她說一切歸功於她母親的家庭計畫。所以當Tupange計畫要求她幫忙，她一口答應，大力鼓吹指派社區衛生人員挨家挨戶去拜訪。「我知道有用，」她說：「過去他們就是這樣找到我媽的。」

蘿絲用她談論避孕用品的方式克服了汙名。她在會談開場時，會先說她的名字、職銜和她使用的家庭計畫方法，然後要求其他人也這麼做。她初次嘗試時，民眾很震驚。現在大家都接受了，汙名化也在弱化。我逐漸才學到，汙名化向來是壓制別人聲音的方法，它迫使大家羞恥的躲藏。最佳反擊方式就是大聲說——公開說出被別人汙名化的事物。這是直接攻擊汙名存續所需的自我審查。

蘿絲靠接觸男人討論「女人的問題」，弱化另一個汙名。「當你讓男人加入，」她說：「他們的老婆幾乎都會使用避孕用品。」她向男人說明家庭計畫會讓他們的小孩更健康、更強壯也更聰明——因為父親總認為聰明小孩是自身智慧的證據，他們很容易接受這個主張。

男性盟友很重要。有宗教領袖的男性盟友尤其有利，例如大衛．英佐夫（David Opoti Inzofu）牧師。大衛在肯亞西部長大，父母很保守，從沒採用或討論家庭計畫。年輕時，他以為家庭計畫是控制人口的陰謀，直到他認識了主張安排與隔開懷孕時間能改善母子的健康、讓家庭只生他們能照顧的子女數量的 Tupange 人員，他開始傾聽，那些想法說服了他。他和妻子不只使用避孕用品，還利用講道時跟聽眾分享訊息。他指出《聖經》提摩太前書第五章第八節經文：「人若不看顧親屬，就是背了真道，比不信的人還不好，不看顧自己家裡的人，更是如此。」

我很高興看到 Tupange 這麼注重男人在家庭計畫中扮演的角色。男人不該想生超出照顧能力的小孩，他們不該反對女性安排兒女出生的願望。男女的利益應該一致，我們想要有了解這點的男士來帶領男性討論家庭計畫。

我認識的另一個男性盟友，因為女友意外的懷孕幾乎毀掉他一生，所以成為鼓吹者。蕭．汪布亞（Shawn Wambua）的女友達瑪麗絲（Damaris）懷孕時，他才二十歲。教會差點把他開除教籍，女友的家人對他很生氣，但他父母都已過世，沒人可以求助。

蕭來到一個衛生所，得知避孕用品的事。之後，他請求達瑪麗絲嫁給他，她裝了子宮環延後下一個孩子出生，直到他們確定他們養得起兩個孩子。蕭後來跟 Tupange 搭上線，成立一個叫 Ndugus for Dadas（姊妹男性後援會）的團體。他每週帶領一群大約二十個年輕男性，討論避孕用品和他們面對的其他議題。蕭也把他的主張帶進差點驅逐他的教會。教會領袖發言反對生育衛生法案，說性教育會鼓勵亂交，他公開挑戰他們。教會認定年輕人不上床或避孕用品會讓年輕人產生原本沒有的念頭，他相信這是錯的。「我們跟父母同住一室，」他說：「我們知道他們在幹什麼。」

幸好，教會長老現在允許蕭跟年輕聽眾談生育衛生，只要別在教會地盤上就好。我想，這是舊秩序維護者經常有的分裂信念。他們知道他們不承認的另一面也有道理，雖然他們不願親自表達那些道理，但他們可以允許訊息被別人散播。看到這種情況，而且認識那些經歷太感人讓老人們軟化態度的人，對我來說真是個特殊的體驗。

社會規範如果幫助每個人發達，是因為符合人們的自利，自然獲得支持。但規範若只保護某些團體的權力或壓制人類經驗中自然而然的部分，規範就無法持久：它們必須用某種制裁或汙名化來執行。

汙名是女性健康的最大障礙之一，Tupange 的人員想通了，有時候弱化汙名的高招就是公開否定它。但時機若不成熟，這可能是個危險的策略。Tupange 人員了解當地文化，他們知道他們的勇氣和違抗會造成公開討論，揭露汙名的破綻和不公。隨著越多人挑戰汙名，會有轉變，汙名弱化，文化改變。無論汙名是社會規範或國家法律，這招都行得通。

當法律就是汙名

Tupange 證明了團體行動的力量，但是組織團體還是要靠個人。

琵雅·凱塔諾（Pia Cayetano）就是這種人。二〇〇四年她當選菲律賓參議員時，國家沒有法律保障取得避孕用品。地方司法權可以為所欲為，有的買保險套要有處方籤，有的規定藥局要記錄每筆避孕用品交易，有的直接禁止避孕用品。議員們擬了法案讓避孕用品在全國合法化，但天主教會反對，法案被擱置了十幾年。

結果，即使全世界的產婦死亡率都下降，菲律賓卻上升。到了二〇一二年，每天有十五個菲律賓婦女死於分娩。不像大多數同僚，琵雅了解生產的神奇與危險。她懷兒子蓋布瑞時，靠超音波得知他有染色體異常，但她還是堅持生下，照顧兒子九個月，直到他死在她懷中。喪子之痛讓她特別同情與傾聽拿不到避孕用品的菲律賓婦女遭遇，例如有高血壓的瑪麗亞，連續意外懷孕三次，死於第三次生產；還有無法照顧八個小孩只好把其中三個送給別人扶養的露德絲。

有同情心的艾奎諾三世（Benigno Aquino III）總統在二〇一〇年上任時，琵雅決定在參議院推動法案，她強調產婦死亡的悲劇：「沒有女人該在賦予生命時死掉。」她聽說狀況很絕望，同僚會把法案修改到連她都認不出來，反正她絕對拿不到通過所需的票數。其他參議員對她的產婦死亡統計數字非常懷疑，他們淡化產婦死亡的意義，說更多男人在工作中死亡，所以女人沒什麼好抱怨的。男性同僚沒人願意支持她，直到有個參議員站到她這邊——就是她弟弟亞蘭·凱塔諾（Alan Cayetano）。

亞蘭站在姊姊這邊加入辯論，男人開始認知到現行法律對窮人所造成的困難。隨著法案累積動能，天主教的主教們也加強反對，琵雅與支持者們成為人身攻擊的目標。

有個天主教團體在教堂外懸掛橫幅，寫著支持生育衛生法案的議員姓名。橫幅標題是「死神團隊」。佈道時，牧師說到下地獄的名單就會提到琵雅的名字，於是她不再帶家人參加彌撒，免得被她的小孩聽見。

琵雅告訴我，同時間有些天主教領袖聯絡她，提出政治指引並針對幫助窮人與減少產婦、新生兒死亡的共同目標建立默默合作的橋樑。憑著大量努力和巧妙交涉，法案通過了，卻也立刻遭遇挑戰，被告上法院。

一年後的二〇一三年五月，我在馬來西亞的婦女生產研討會遇到琵雅。她說她被迫放棄規劃很久的美國訪問，才能在國內參加最高法院的口頭辯論。翌年春天我的電郵信箱出現琵雅的名字，寫了愉快的訊息並附上這篇新文章的鏈結：

馬尼拉，菲律賓（最新消息）——因為維護爭議性的生育衛生法案遭到某些男性同僚發怒與嘲弄之後，笑顏逐開的琵雅．凱塔諾參議員歡慶最高法院判決維持了關鍵條款的合法性。

「這是我第一次可以老實說我熱愛我的工作！」她說。

「許多質疑過這件事的女人、甚至男人，都是享有生育衛生服務的人，所以這是為了沒有能力取得自己所需資訊與服務的窮人，尤其貧窮女性。」

我很容易跟做這種工作的人深度連結，我也向來覺得看到與誇讚我欣賞的人成功很興奮，即使只能在遠處觀察。但我特別喜歡親自表示我的愛心與尊敬的機會。二〇一四年琵雅來到美國西雅圖開研討會時，我得以給她一個大擁抱，讓我想起做這項工作的所有人多麼需要彼此。我們帶給彼此活力，我們互相提升。

美國現狀

琵雅等人在菲律賓的工作是一大成功。另一個成功是，英國在最近二十年間把曾經是西歐最高的青少女懷孕率減半。專家表示成功來自把年輕人連結到優質、不批判的諮商服務。

美國也成功把青少女懷孕率降低。美國的青少女懷孕率正在歷史新低，意外懷孕率也是三十年來低點。進步主要出自擴大使用避孕用品，這要歸功於上屆政府開始的兩項倡議加速了過程——首先，青少女懷孕防止計畫（Teen Pregnancy Prevention Program）

每年耗費一億美元去接觸全美各社區的低收入青少女；第二，可負擔照護法案（Affordable Care Act）中的生育控制補助，允許女性不必自費取得避孕用品。

然而很不幸，類似的進步目前陷入危機——意外懷孕率下降和導致意外發生的政策都是。現任政府正在設法廢除提供家庭計畫和生育衛生服務的計畫。

二〇一八年，政府提出了 Title X 的新綱領，亦即國家家庭計畫，每年服務四百萬名低收入婦女。綱領基本上是在陳述政府會資助哪種計畫，但這個版本沒提到食品藥物管理署批准的任何現代避孕用品方法。它反而只提到自然家庭計畫，又稱規律法，即使仰賴這個聯邦計畫的低收入婦女僅不到1%使用這個方法。

政府也提案廢除青少女懷孕防止計畫，可能會終止需要避孕用品的青少女的重要供給來源。我們說的是住在貧窮地區沒什麼選擇的年輕人，像是來自奧克拉荷馬州喬克托族的和德州被收養的青少女。政府想要用只鼓勵禁慾的計畫取代這些服務。

整體上，它的目標似乎是用已被證明沒效的計畫取代有效的計畫，實質上表示美國的貧窮女性更難取得有效的避孕用品。因為窮，許多貧窮女性會生下超過她們想要的小孩。

對美國家庭計畫的另一個嚴峻威脅來自現任政府提出但還尚未拍板的政策——停掉聯邦資金流向實施或只是介紹墮胎的醫療提供者。這很類似已經在德州和愛荷華實施、對女性造成毀滅性影響的法律。如果這個政策在全美實施，現在仰賴 Title X 資助取得避孕服務、癌症篩檢或計畫生育組織進行年度檢查的一百多萬名低收入婦女會失去這些醫療項目提供者，至少有五十萬名婦女可能根本找不到提供者；現狀沒有足夠的社區衛生所去服務被這個政策切斷援助的女性。如果你是沒有謀生能力的女性，可能因此走投無路。

至於國外的女性，美國政府提案將給予國際家庭計畫的捐獻減半，並且完全刪除給聯合國人口基金的捐獻——即使開發中國家還有兩億多個女性想要避孕用品但拿不到。國會迄今已為貧窮女性發聲，大致維持先前對國際家庭計畫的資助水準，但是世人需要美國政府當女權的領袖，而非反對者。

政府的新政策不是在幫女人滿足她們的需求，沒有任何可靠的研究顯示婦女生下她們沒準備好撫養的小孩能夠受益。證據顯示正好相反。當女性能決定是否與何時生小孩，可以拯救人命，促進健康，擴充教育，創造繁榮——無論你指的是世界上哪個國家。

美國正在做的和菲律賓與英國相反。我們在利用政策收縮對話，壓制聲音，允許掌權者把他們的意志強加到窮人身上。

大多數我做的工作讓我提升自己，有的令我傷心，但講到此事只會讓我生氣。這些政策針對貧窮女人，在貧窮中掙扎的媽媽需要時間、金錢和體力去照顧每個小孩。她們必須能夠延後懷孕時間，隔開每次生產，養小孩的同時也要賺取收入。這些步驟每一步都依賴避孕用品前進，每一步也被這些政策危害。

日子過得好的婦女不會被傷害，有穩定收入的婦女有得選擇，但是窮女人會受苦。她們會因這些改變受害最大，卻也無力阻止。當政客瞄準無法反擊的人民，那就叫做霸凌。

某些想要刪減避孕用品資助的人引述道德論尤其令人惱怒。在我看來，沒有同理心就算不上道德，這項政策肯定缺乏同理心。道德是愛人如己，要把鄰人當自己一樣看待，意思是設法減輕而非加重鄰人的負擔。

推動這些政策的人經常想利用教會對家庭計畫的教誨當作道德掩護，但他們沒有教會對窮人的同情心或承諾。相反的，許多人阻擋取得避孕用品和資助窮人，令人想起基督在路加福音裡的話：「你們律法師也有禍了！因為你們把難擔的擔子放在人身上，自己一個指頭卻不肯動。」

男人替女人做決定，那簡直是落後社會或倒退社會的標誌，但這就是美國正在發生的事情。如果女人自己做決定，就根本不會實施這種政策。所以看到全美女性運動人士挺身而出，花自己的時間登門拜訪，支持家庭計畫，競選公職改變自己的人生，就很令人振奮。

或許最近這些剝奪權力的企圖反而引發對女權的一大推力。我希望驅動捍衛家庭計畫的火焰能在全世界助長所有的女權運動——以便在未來，國家制定會影響我們生活的一個個政策時，有越來越多女性在場，坐在桌邊主導對話。

第四章

提升她們的眼界：學校裡的女孩

蜜娜請求我把她的小孩帶回家，讓我發現除了幫助母親安全分娩，我們必須做更多事。我們必須看見全局，所以我們擴充基金會對家庭計畫的工作。但每次只要我心想，好吧，現在我們看見全局了，總會認識另一個女性讓我看到更大的全局。我最重要的老師已經不是我們在西雅圖開會見到的專家，而是那些婦女及女孩，她們跟我們談自己的夢想。

其中，我們有個老師才十歲，她叫蘇娜（Sona），來自印度最低種姓的故鄉坎普爾區一個貧窮的鄉村社區。因為工作的緣故，那裡的人住在大約六呎厚的垃圾中。他們會去其他地區收集垃圾，帶回村裡，挑出值錢的東西賣掉，把無法賣掉的東西亂丟在周圍的地上，他們就是這樣謀生的。

我的基金會同事蓋瑞・達姆史塔（Gary Darmstadt）在二〇一一年走訪坎普爾討論家

庭計畫時認識了蘇娜。抵達的那天早上，他跟來自都會衛生倡議組織的夥伴會合，一起走過村子來到舉行會議的場地。這群人一停下來，就有一撮婦女圍過來，其中唯一的小女孩蘇娜走到蓋瑞面前，交給他一隻玩具鸚鵡。她在垃圾堆裡發現材料，就把材料彎曲雕刻成鳥的形狀，再拿出來當禮物。蓋瑞道謝時，蘇娜看著他的眼睛說：「我想要一個老師。」

蓋瑞有點傻眼。他來坎普爾是要跟女性村民討論家庭計畫的，不是創辦學校。他先擱置蘇娜的意見，開始跟媽媽們交談片刻，結果她們對家庭計畫都很滿意。生平第一次，她們覺得她們對自己的生活開始有點控制權了。聽到好消息總是令人喜悅，但在談話過程，蓋瑞看得出蘇娜一直站在附近等待，一有暫停的空檔，她就跟蓋瑞說：「我想要一個老師，你可以幫我。」在全程三小時內，她或許看著蓋瑞說了五十次：「我想要一個老師。」

結束團體談話之後，蓋瑞停下來向一位婦女打聽蘇娜的事。婦人說：「你知道嗎？我們說了家庭計畫對我們幫助多大，對我們的生活有很大的影響。但是老實說，除非我們的孩子受教育，不然他們會像我們一樣回到這裡在垃圾堆生活。能夠控制家庭人數很好，但我還是窮，還是在撿垃圾。除非能夠上學，否則我們的小孩會過同樣的生活。」

要求你想要的東西需要勇氣——尤其超過別人認為你該擁有的時候。即使是拾荒餬口的父母生的低種姓女孩，蘇娜神奇的兼具勇氣和利己心勇敢開口討要老師。她可能根本不知道自己有多勇敢，但她周圍的婦女知道——而且沒有叫她閉嘴，在某方面讓蘇娜成為團體的發言人，說出媽媽們相信但不太敢說出口的話。

蘇娜對誰都沒有籌碼，她只有小孩說實話的純真，以及小女生說出「請幫助我成長」的道德力量。這個力量把她帶到了正確方向，因為教育決定誰能出頭，遠超過社會和政府提供的幾乎任何東西。

教育是通往增強女性權力之路的重要步驟——這條路始於良好健康、充足營養和家庭計畫，讓你準備好賺取收入、經營生意、結成組織、當個領袖。在本章裡，我想要介紹讀者認識一些我心中的英雄，他們是幫助被當成外人、不配受教育的學生開啟機會的人。

但是首先，容我說完蘇娜的遭遇。跟蓋瑞碰面討論家庭計畫的夥伴們很了解這個區域跟法律。當他們聽到蘇娜說「我想要一個老師」，又聽那位母親跟蓋瑞談教育問題，因此他們一起擬訂一個計畫。蘇娜全家人住的土地並未在政府註冊，其實，法律上他們沒有權利住這裡。所以要去找地方政府辦理必要手續，讓蘇娜和鄰居們登記為居民——這是件好事。政府官員可能找各種花招阻止，但是我們的夥伴支持這些村民。這些人被公告為這塊地的合法居民之後，這些家庭才有權享有完整的政府服務——包括上學。最後，蘇娜有了老師，她有了課本，有了制服，有了教育。而且不只蘇娜，是村裡每個小孩，一切都因為有個敢看著訪客的眼睛，送他禮物，反覆說「我要一個老師」的勇敢小孩。

學校的無比提升力

把類似蘇娜這樣的女孩送進學校所產生的提升力道很驚人——對女孩本身，她們家庭和社區皆然。當你把女孩送進學校，好事永遠不會消失，它還會延續到好幾個世代推動每項公益，從健康、經濟所得到性別平等與國家繁榮。下列只是我們從研究中得知的幾項好事。

送女孩子上學可提高識字率、拉高工資、加速經濟成長、提高農業生產力。它可以減少婚前性行為、減少早婚機率、延後初次生產、幫助母親們計劃何時要生幾個小孩。受過教育的母親會比較能夠學習營養學、疫苗和其他養育健康子女所需的行為。

這二十年來兒童存活率增加，有一半可以歸功於上過學的母親人數增加。上過學的母親願意把自己小孩送去上學的機率也增加了兩倍以上。

女生的教育內容對女性衛生、增強權力和經濟進展可能有轉變性效果。但我們還沒有詳細的了解其中的緣由。女孩們的心智和生活因為什麼事導致這些益處呢？改變是藉由識字、模範角色、學習行為，或只是因為離家而引發的呢？

我聽過的許多主要說法在直覺上很合理：能讀書寫字的女性更懂得利用衛生體系。學校幫助女孩學習如何向醫療提供者講述家庭健康問題，向老師學習有助於母親們如何教育自己的小孩。還有，當女孩在教室裡懂得可以怎麼學習，她們開始對自己另眼相看，給她們一種自主的感覺。

最後一個觀念對我尤其振奮——這表示女性可以利用她們在學校學到的技能，去拆解壓抑她們的規則。我探訪學校跟學生交談時，那就是我感受到工作影響力的地方。話說我在高中時代，自願去擁擠的公立學校教導孩子們數學和英文。孩子學到新東西之後，懂得他們可以成長；這可以提升他們的自主性，改變他們的未來。

被當作外人的小孩上學時經常認為他們不配擁有更多，也永遠不該要求更多，因為他們得不到。但好學校會改變這個觀點，他們灌輸學生他們是誰、可以做什麼的大膽觀念。對這些孩子的高度期待與社會的低度期待恰恰相反，這就是重點。為貧困學生增強權力的學校是很有滲透力的組織。他們培養學生心中的自我形象，直接反駁想把他們困在原地的社會輕視。

在各地的好學校都看得到這樣的社會反抗使命——在美國、南亞或非洲中南部。這些學校會改變那些被誘導相信他們不重要、不配享有完整機會的學生的人生。

提升學生的學校

大約十年前去洛杉磯時，我跟將近百名貧困出身的非裔和拉丁裔年輕人交談，有個年輕女子問我：「妳是否覺得我們只是別人的小孩，父母逃避責任，我們都只是剩下來的？」

這個問題令我震驚，讓我想要擁抱她、說服她，她的人生其實有無窮的價值，她有同等權利也值得跟別人有同樣的機會。但在同一趟行程中，我了解她為何不這麼想。我跟另一個女孩交談，她選的研究課程即使表現優異，也無法讓她準備好上大學或做其他事情。我看了她的課表，其中有堂課是在雜貨店閱讀湯罐頭背面的標籤以了解內容物，其實那堂是數學課，但是這種情形並不罕見。我在全美許多學校看過同樣的事——同時有一群學生學代數II，另一群學的是如何保持收支平衡。第一群人會直接升大學與就業，第二群人連謀生都很辛苦。

比爾和我所推動的國內慈善工作大多聚焦在教育。我們相信堅強的學校和大學體系是我們國家為了推動機會平等的最好想法。我們致力於增加有高中學歷的黑人、拉丁裔和低收入學生數量，以及高中後繼續升學的人數——不論男女。（我正在透過我的辦公室和樞紐創投［Piroted Ventures］——我在美國創辦來幫助激發社會進步的公司，努力拓展女生，尤其有色人種女生進入科技業的管道。）好學校能夠提升從不認為自己能夠被提升的學生。當你看到提升的現象發生，可能會讓你喜極而泣。

二〇一五年，比爾和我去拜訪肯塔基州佛洛伊德郡的貝茲雷恩高中，那是阿帕拉契山區因為煤礦業蕭條而沒落的鄉村社區。《紐約時報》形容這個地區是全美生活最困苦的，當地有六個郡排入全美收入、教育程度、失業率、肥胖、殘障與預期壽命最差的前十名。不過神奇的是，這十年來，區域陷入經濟衰退，佛洛伊德郡的學生成績卻從全州第一四五名爬升到第十二名。我們想了解他們是怎麼做到的。

陪同我們參訪的是當時我們基金會的K－12教育部門主管維琪・菲利普斯（Vicki Phillips）。維琪了解這些師生面對的挑戰，因為她自己就經歷過。照維琪的說法，在她小時候，媽媽和繼父結婚，繳了五百美元欠稅買下肯塔基鄉下農場上一棟四房的獨棟屋，地面是泥土地，窗戶是破的，她的家人至今仍住在那裡。維琪在那兒長大，幫家人養豬、種菜，狩獵晚餐的肉食。他們家裡有手動抽水機，後院也有一台，他們不覺得自己貧窮，因為社區裡大家狀況都一樣。

維琪說她的老師們對學生很用心，但回想起來，她發現她受到的教育並非讓她準備上大學，而是讓她維持現狀。「在我長大的地方，」她說：「很多人不敢追求學業優異。那會嚇到大家。」

「父母期待我會高中畢業，住在社區裡，結婚成家。我回家告訴父母『我要上大學』

那天，我繼父說，『那妳不再是我的女兒。如果妳去，**永遠**不用回來，也別打算回來了，因為妳的價值觀不是我們的價值觀。』」

維琪和她父親一直吵到她離家當天。他說：「這是個安全的社區，妳是我女兒，妳這樣做我怎麼會放心？」

然後，維琪轉述，父親深入最敏感的主題：「妳怎麼會想要離開家？妳需要的一切都在這裡了。我們擁有的不夠好嗎？妳的意思是我們對妳不夠好嗎？」

這些對於害怕上大學、表示搬出去永遠不回來的家庭來說都是常見問題。在他們看來，他們的文化不是耽誤人，是把人留在一起。在他們眼中，追求卓越看起來可能像拋棄你的族人。

她成長的地方就是這樣子。維琪說，她的文化中沒有任何東西推動她上大學，但她認識一名同郡富裕地區的女孩有天對她說：「妳說妳不上大學是什麼意思？！妳跟我一樣聰明。」之後她才下定決心。那位女孩開始督促維琪走比較困難的路，去找美國大學理事會，尋求獎學金，維琪就這樣克服了不希望她上大學的文化，加入朋友的文化。如果你想出人頭地，維琪說，你必須取得身邊的人支持。但很少人能單獨做到。

維琪願意面對挑戰自身文化發生的衝突，她跟家人協商，連同她爸爸。她離家一年後，在學校接到一通電話。線路另一端有個熟悉的男性聲音說：「維琪，這樣不行。我開車去接妳回家一趟吧。」她父親大老遠跑來帶她回家，全家人重新連結關係，她和父親重修舊好。他們對彼此差異保持坦誠，他的餘生仍繼續用關愛的方式逗她，（在堅定共和黨員的家庭裡）稱呼她「我們的小民主黨」。

維琪後來成為特殊教育的老師、校長、州政府教育廳長，她努力改變規範，為被遺棄的人增強權力。我們在貝茲雷恩高中的教職員身上也看到了這種動力。

那裡的人活潑又令人難忘——從校長卡珊卓．艾克斯（Cassandra Akers）以下都是。卡珊卓喜愛這所學校很久了，她是一九八四年畢業班的致詞代表，至今仍住在從小長大的家裡，她開始教書後向父母買下了自家的房子。她是七個兄弟姊妹的長女，家中唯一大學畢業的人，所以她了解這個社區與小孩面對的掙扎。

「我們的學生必須了解我們期待偉大的事，」她說：「他們也知道無論他們需要什麼，我們會幫他們得到，不管是教導、諮詢、額外協助、糧食、衣服、床位等等。你必須照顧他們所有人。」

改變文化的最大挑戰之一就是提升孩子們的自我形象。社會、媒體、甚至自己家人在他們心中深植著自我懷疑，從未達成自己人生目標的父母們可能輕易把自己的懷疑灌輸到小孩的心裡，那些懷疑在孩子腦中生根之後就很難改變。被懷疑所惑的人還經常覺得自己被陷害。貝茲雷恩的心理學家告訴我，許多學生覺得這世界不只不在乎他們，還跟他們作對。

人們面臨的挑戰越艱難，用全新文化和全新期待圍繞他們就越重要。我見到的數學老師克莉絲汀娜．克雷斯（Christina Crase）告訴我，她開學日就跟學生說：「只要給我兩星期！」她不想聽他們談失敗，他們多痛恨數學，或他們落後多遠。她說：「給我一個機會來證明你們可以做到什麼程度！」

她有個計畫是幫孩子們建造一座小型摩天輪。她剛向全班提出這個構想時，學生都以為她瘋了，但他們很樂意去做。這比學數學容易啊！於是他們積極投入計畫，蓋出了摩天輪，等到克雷斯太太解說正弦和餘弦的功能時，只需要把這個概念連結回到摩天輪，大家就都聽懂了。

孩子們把這些東西牢記在腦中，其中幾個學生參加當地慶典之後跑回班上說：「克雷斯太太，我們沒坐摩天輪。」

「為什麼？」她問道。

「我們不敢相信它的結構穩固。」他們說。然後他們開始用微積分和三角函數的語言解釋。

參觀教室之後，比爾和我跟一些學生去販賣部吃午餐披薩。有幾個承認他們怕選AP課程[2]的學生，因為「AP是給聰明學生上的」。但他們還是選了AP課程，學到了很多，他們學到最重要的一點是「我們都是聰明學生」。

好學校不只是教育你，他們還會改變你。

學校裡的女生

平等教育讓人們走向增強權力，不平等教育的效果剛好相反。所有用來把人推向邊

2 譯注：AP課程相當於大學一年級的程度，故適合在某些科目表現優秀並已完成高中範圍課程的學生修習，可折抵大一學分。

緣的一大堆切割工具中，教育不平等是傷害最大且最持久的。除非學校能公開、努力的接納每個人，否則學校絕不會是排擠的解藥，反而往往是促成的原因。

即使女生受教育帶來許多驚人的益處，全世界仍有一億三千多萬個女生不在學校裡。這個數字經常被引述為進步了——但只是因為以前女生上學的障礙更糟糕。在我念書的年代，全世界上學的男生遠多於女生，這個落差在不要求小孩子上學的國家很常見。

不過幾十年來，各國政府大力扭轉了這個現象，而且大致算成功。大多數國家的小學男女生數目相當。但是當然啦，目標不是確保女生被剝奪受教權的比例跟男生一樣，目標是去除讓小孩無法上學的所有障礙，而在某些地方對女生的障礙仍然比男生明顯。在中學尤其如此，通常發生在七年級到十二年級。在幾內亞，只有四分之一的女生上中學，男生則接近40%。在查德，不到三分之一女生上中學，但超過三分之二男生有。在阿富汗也是，只有略超過三分之一女生上中學，相對於男生的將近70%。這些障礙會持續到大學。在低收入國家，每一百個高中後繼續升學的男生，只有五十二個女生也上大學。

為什麼中學與大學裡的女生比男生少？經濟上，送女生上學是長期投資，對極度貧窮家庭而言，重點是生存。家庭需要勞動力，或他們湊不出學費。社會上，女性扮演傳統文化交給她們的角色不需要受教育；其實，女性受教育反而會威脅傳統角色。政治上，我們看到世界上大多數極端勢力，像二〇一四年在奈及利亞東北部綁架二七六個女學生的博科聖地，都特別敵視女性受教育——這很有啟發性。（博科聖地的名稱其實意思是「禁止西方式教育」。）極端分子向女人說：「做一個我們要妳做的人，不需要上學。」所以他們燒毀學校，綁架少女，希望家屬會出於恐懼把女孩留在家裡。送女生上學等於直接攻擊他們認為女人的義務就是服侍男人的觀點，挑戰這觀點的年輕女孩之一就是二〇一二年被塔利班槍擊的巴基斯坦少女瑪拉拉．尤素夫札伊（Malala Yousafzai），當時她十五歲。事發前瑪拉拉就舉世聞名了，她受經營連鎖學校的父親啟發，寫部落格談論身為塔利班統治下女學生的生活。她的部落格讀者很多，南非的屠圖大主教（Desmond Tutu）還提名她角逐國際兒童和平獎。

所以，當瑪拉拉被槍擊時，他們可不是隨便找個上學途中的女孩，而是認定目標，要這個知名社運人士閉嘴並嚇唬認同她的人。但是瑪拉拉不願保持沉默，她中槍九個月後，就到聯合國演講。「讓我們撿起書本和筆，」她說：「那是我們最強大的武器。一個小孩，一個老師，一本書和一枝筆就可能改變世界。」

一年後的二〇一四年，瑪拉拉成為史上最年輕的諾貝爾和平獎得主。（她得知自己獲獎時正在教室上化學課！）

我在瑪拉拉得獎後見過她，如同其他人，我受到她的故事啟發。但二〇一七年我在紐約為她舉辦一場活動時，更加被她講故事的方式啟發。瑪拉拉沒有聚焦在自己的表現，她說：「我相信在我有生之年可以看到每個女孩都上學，因為我相信地方領袖們。」然後，她告訴我們她如何支援全世界讓女孩上學的運動人士——而且她突然邀請那些在場的運動人士上前。他們上了台，瑪拉拉把麥克風交給那些啟發她的人。

如今，瑪拉拉的基金會投資世界各地的教育運動人士。有個運動者在教育巴西的老師們性別平等；另一個在奈及利亞推動豁免學費運動；另一個在瑪拉拉的母國巴基斯坦，舉辦論壇說服父母們讓女兒上學。

我會遵循瑪拉拉的先例。我告訴你某些啟發我的人和組織的故事：從肯亞到孟加拉的政府都投入鉅資讓學校不收女生學費；聯合國和世界銀行也有重大的女生教育計畫；還有些組織，像是女性教育運動（Campaign for Female Education），讓學校收容最貧窮的女生。在所有偉大計畫中，我想要聚焦在三個特別令我佩服的：一個出自國家政府，一個出自全球性組織，一個出自挺身改變千百年傳統的年輕馬賽族女子。

「發展的誘因」

女性教育最有啟發性的構想之一來自墨西哥。有些最佳構想都是你聽了就知道的簡單點子，但要有遠見的人才想得出來並且付諸實踐。一九九〇年代的墨西哥，因為需要小孩的勞動力餬口，許多家庭仍然無法送小孩子上學。所以在一九九七年，有個叫荷西·高梅茲·德里昂（José Gómez de León）的男士和同僚們提出了一個新想法。他們相信婦女和女孩是「發展的誘因」，他們把信念付諸行動。

政府把受教育當成一項工作，付錢給送小孩子去上學的家庭。金額根據孩子們做有償工作能賺多少錢計算，三年級生可能每月賺十美元，高中生六十美元。他們稱之為Oportunidades 計畫——意思是「機會」。

他們確保給孩子的錢直接交給母親。因為女生比男生更容易被忽略，女生留在學校獲得的錢比男生多一點。計畫執行之後，參加Oportunidades的女生比沒參加的高出20％機率留在學校。不只更多女生上學，還能留在學校比較久。這個計畫幫助了將近六百萬個家庭。

計畫展開僅僅二十年後，墨西哥達到了兩性教育平等——不只小學層級，高中和大學也是。而且墨西哥女學生拿到電腦科學學位的比例是全世界最高。

世界銀行形容墨西哥的努力是世界模範，說它是第一個聚焦在赤貧家戶的國家。現在五十二個國家都有類似形式的計畫。

孟加拉的突破

孟加拉鄉村進步委員會（Bangladesh Rural Advancement Committee）在二〇〇四年贏得蓋茲全球衛生獎以來，我一直留意他們的工作，也在二〇〇五年去孟加拉拜訪過創辦人法澤・哈山・阿貝德（Fazle Hasan Abed）。除了在衛生與微貸款方面的願景工作，BRAC也是世界最大非宗教民營教育機構，聚焦在女生教育。

早在一九七〇年代，孟加拉正從解放戰爭後復原，大多數家庭經營小農場，極度仰賴兒童勞動力掙扎維生，尤其是女兒。結果，到了八〇年代，孟加拉女生不到2%能在學校讀到五年級，上高中的女生只有男生的一半。這時候在歐洲經商成功的孟加拉人法澤·哈山·阿貝德決定回國創立BRAC，開始建立學校。

BRAC在一九八五年起步時，他們的每一所學校都要求至少70%是女生。所有教師必須是女性，也都必須出身當地社區，父母們才不必為女兒的安全擔心。每所BRAC學校設定自己的行事曆以配合農期，讓仰賴女生勞動力的家庭可以送女兒上學。還有，BRAC學校免費提供課本和文具，以免學費成為女生無法上學的藉口。

隨著BRAC學校的數量成長，該國的宗教極端派發現學校會提升女性的力量，開始燒毀學校。但阿貝德重建學校。他說BRAC的目標是挑戰壓抑女性的文化，縱火者證明BRAC有些成果。如今，孟加拉上高中的女生多過了男生，BRAC在全世界經營四萬八千所學校與學習中心。它會到全球最危險的地方幫女生上課，並逐步幫助改變文化。

挑戰千百年的傳統

在非洲撒哈拉沙漠以南的許多鄉村地區，村人期待女孩遵守而非挑戰她們的文化習俗，更別說改變傳統文化。

卡肯亞．泰雅（Kakenya Ntaiya）就像肯亞馬賽族社區的大多數十三歲女孩，出生的那一刻就被別人規劃好未來。她會上小學，直到青春期，然後要接受女性割禮、退學、嫁給她五歲時就訂婚的男生。婚後，她要打水、收集柴火、打掃家裡、做飯，從事農活。一切全都被計劃好了，而且女孩的人生被計劃好之後，就只能為別人而活，而不是為自己。

改變就從有人說「不要！」開始。

我最初聽到這個勇敢的馬賽族女孩的故事，是在我們基金會幫忙資助一場關於改變世界者的紀錄片影展時，得獎者就是以卡肯亞為主角的片子。卡肯亞想當老師，意思是她到了青春期不能放棄學業，她不能結婚為新家庭做飯打掃，她必須留在學校裡。我無法想像她的大膽——我在小學時是個乖寶寶，我想要每個人的讚許，我很幸運我人生想要的東西符合我父母和老師想要的，但如果我的夢想和他們不同，我不知道我能否挺身反抗。

卡肯亞顯然沒有那些疑慮。她滿十三歲時向她父親提議：她願意接受女性生殖器割禮，但條件是他同意讓她保持單身繼續上學。卡肯亞的父親知道如果她沒接受割禮，他會在社區裡蒙羞。他知道自己女兒夠強悍能抗拒傳統，只好接受了協議。

在指定的日子，卡肯亞走進她家附近的牛棚，在整個社區注視下，當地的老婆婆用一把生銹刀子割除她的陰蒂，她大量失血痛得昏迷。三週後，她回到學校，決心當老師。等到她畢業時，已經贏得全額獎學金去美國上大學了。

但很不幸，獎學金不含機票，她村裡的人不太可能幫忙付旅費。當她告訴村人她拿到了獎學金需要援助，眾人說：「真是糟蹋，這應該給男生的。」

卡肯亞有勇氣抗拒傳統，但她也有智慧讓傳統對自己有利。在馬賽族社區，有個信仰是好消息會在早上傳來。所以每天早上，卡肯亞就去敲村裡某個有力人士的門，她保證如果他們幫她受教育，她會回來貢獻村子。

最後，她讓全村幫她買了機票。

在美國，她不只拿到大學文憑，還取得教育博士學位。她在聯合國工作，學到了女權。更重要的，她說：「我學到了我不必拿身體做交易去受教育。我是有權利的。」

她依約回到故鄉村子之後，請求長老們幫她建立一所女生學校。「為什麼不是男生學校？」他們問。有個長老說他看不出女孩有必要受教育，但是他尊重她返鄉來支持這個村子。「我們有好幾個兒子去了美國上學，」他說：「卡肯亞是我唯一想得到會回來幫忙的人。」

卡肯亞看出了機會。她告訴他，如果男生不會回來幫忙而女生會，教育女生比較合理。長老聽了之後，說：「她跟我們說的話感動了我們……她帶來了學校和光明，努力改變舊習俗幫女生們過更好的生活。」

長老們捐出土地給新學校，二〇〇九年卡肯亞卓越中心開始營運。這所學校接觸小學高年級的女生（因為這個階段她們可能被拉出學校嫁人），幫助她們轉換到中學。卡肯亞中心提供制服、課本和指導。條件是，家長必須同意他們的女兒不做生殖器割禮，在校期間也不會嫁人。中心的某些學生在肯亞國家考試中達到前2%的成績，在肯亞或出國繼續上大學。

我不曉得別人怎麼鼓起勇氣出聲反抗傳統潮流，但當他們開口，結果總會出現有相同信念但沒那麼勇敢的追隨者。領袖就是這樣誕生的，他們說出別人想說的話，然後大家加入他們。這就是年輕女性不只改變自己人生，還能改變文化的方式。

改變女孩的自我觀感

我交談過的所有女性和所有讀過的資料說服了我，教育對女性的最大轉變力量，就是改變女學生的自我形象。提升的力量就在這裡。如果她的自我形象不改變，上學就不會改變文化，因為她會用自己的技能去服務壓抑她的社會規範。

那就是增強權力教育的祕訣：女生會學到她不是別人灌輸她的樣子。她跟任何人都平等，也有她需要的權利去主張與捍衛。這就是改變社會的重大運動如何吸引人：外人拒斥原本社會強加在她們身上的低自我形象，重新塑造她們的自我形象。

蘇達．瓦吉斯（Sudha Varghese）修女比我認識的任何人都了解這一點。蘇達小時候在印度西南部上天主教學校，她讀到一篇協助窮人的修女與修士文章，馬上知道這是終生的召喚。她加入一個宗教團體成為修女，開始工作，但是這並沒有啟發她。總部太舒適了，她服務的人不夠窮。「我想要跟貧民在一起，」她說：「不只是窮而是其中最窮的，所以我去了穆薩哈爾區（the Musahar）。」

信仰教導蘇達去找活在邊緣的人，她選了最外圍邊緣的人。穆薩哈爾意思是「食鼠人」，他們是印度的「賤民」——出生在這個種姓制度者被視為非人的族群，他們不能進寺廟或使用村中道路，他們不能跟別人同桌吃飯或使用相同餐具。但穆薩哈爾人的地位低到連其他「賤民」都鄙視他們。

蘇達剛決定她要服務穆薩哈爾人時，沒有任何組織性方法可用，沒有她可以加入的團體。於是她單獨跑到印度東北部的穆薩哈爾社區請求當地人給她地方住。她得到了穀倉小屋的空間，立刻開始工作改善穆薩哈爾最底層的人——婦女和女孩的生活。

蘇達告訴我，她問過一群穆薩哈爾婦女，從來沒被丈夫打過的人請舉手。沒人舉手，她以為問題被誤解了，所以她又問了一次：「有被丈夫打過的人請舉手。」結果每個婦女都舉手。每個婦女都在家裡被丈夫打過。

出了家門更糟糕。穆薩哈爾婦女隨時活在性暴力的威脅下，也面臨不斷的辱罵。如果女孩們走出村子，民眾會向她們耳語「穆薩哈爾」，提醒她們自己是賤民。如果她們發笑或走路太自由，有人會抓住她們手臂說穆薩哈爾女生這種行為是不能被接受的。

從她們出生那一刻起，社會就不斷告訴她們，她們一文不值。

工作了二十多年，蘇達改善穆薩哈爾婦女的生活之後（因為她跟「賤民」同住遭到嘲笑，也因為努力把強暴案告上法院收到死亡威脅），在二〇〇五年判斷她能做的最大好事就是為穆薩哈爾女孩們辦一所免費寄宿學校。

修女說：「她們所知的見聞都是『你賤如糞土』。她們內化了這件事。『這是我的命運。這是我的歸宿。我不該坐在椅子上。我會坐在地上，那就沒人可以叫我坐得更低了。』她們一輩子都聽著，『妳排最後，妳最不重要，妳不配擁有。』所以她們很快學會保持沉默，不期待改變，也不要求更多。」修女學校的目標是扭轉這個自我形象。

我最喜愛的經文之一是「那在後的將要在前，在前的將要在後了」（馬太福音二十章十六節）。對我來說，這反映出蘇達修女的使命，她一開始就教學生無論社會怎麼說，她們絕對不該把自己放在最後。

她把新學校命名Prerna，意思是印度語的「啟發」。我去拜訪修女時，她牽著我的手介紹給所有會面的學生，並逐一點名。女孩們剛來時經常想家，修女會停下來安慰哭泣的小女生，摸她們的頭，聽她們說話。修女跟學生說話時會碰觸她們，把手放在肩上，拍拍另一人的背，灌注愛心給她看到的每個人。如果女孩受傷，她會親自為她們包紮——因為她們不習慣有人在乎她們受了傷。修女希望削弱她們的賤民意識。

她說：「她們剛來時，只會一直盯著地上。要讓她們抬起目光可不容易。」但我見到的女孩們都能抬頭看著我的眼睛。她們謙恭有禮、好奇、眼神明亮、有自信——甚至有點厚臉皮。有個女生聽說我嫁給比爾．蓋茲，問我身上帶了多少錢，我把空空如也的口袋翻出來，修女和我都笑了。

Prerna的女生都學習英文、數學、音樂和電腦等普通科目。但修女也提供特殊課程，是從她剛來的時候就想教給穆薩哈爾人的東西。她堅持每個女生要知道自己的權利——受教權、遊玩權、自由行走權、人身安全權，還有發言權。

這些女生一輩子都聽說她們是最低賤的種姓，但她們在這裡學到「妳的權利跟其他人一樣。妳必須用妳的技能來維護妳的權利。」自我防衛不只是個抽象的課題，蘇達修女也叫女孩們學空手道，因為她們在家或街上經常是性暴力的目標，所以修女要她們知道她們有權不受攻擊——她們也有力量迎戰侵犯者（原來教導防身術已被證明可減少對青少女的暴力）。修女開心的告訴我，她有個學生一腳踢中意圖不軌的醉漢肚子，他踉蹌的跑掉再也沒有回來。

學習空手道或任何形式的自衛，對於被訓練接受虐待的女孩是手足無措的事。但女孩們努力學，進步到空手道老師提議 Prerna 派支隊伍去參加印度的國家空手道大賽——修女同意了，她認為旅行對她們會是好體驗。女孩們幾乎在每個參加項目都贏得金牌和銀牌。比哈爾邦的部長要求接見她們，還提議讓她們公費去日本參加世界錦標賽。**最後一名的真的變成第一名了。**

修女幫她們辦護照，買機票，準備旅行文件。這似乎是看看世界的好機會。女孩們帶了七個獎盃回國——還有更棒的：置身於不歧視她們的文化是什麼感受。

「她們對別人表現出來的尊重態度很驚訝，」修女說：「她們說，『想像一下，向我鞠躬，這樣向我說話。』」

這群女孩初次進入不嘲弄她們的社會，幫助她們了解在自己的國家裡被隨便對待不是因為她們有瑕疵，而是因為社會有缺點。

低劣自我形象與壓迫性社會習俗是同一股力量的內在與外顯版本，但兩者之間的連結給了外人改變的機會。如果女生能提升她對自己的觀感，就能開始改變壓抑她的文化。但這不是大多數女孩自己做得到的，她們需要支持。對抗討厭妳的文化，第一道防線就是愛妳的人。

愛是世界上最強大也最少用的改變力量。政策討論或政治辯論中聽不到，但是德蕾莎修女、史懷哲醫師、甘地、陶樂斯．戴（Dorothy Day，美國社運人士）、屠圖大主教和馬丁路德金恩博士都為了社會正義做務實、意志堅定的工作，而且他們都強調愛心。

我們的文化對愛的不安，導致政客候選人從不討論愛心是擔任公職的資格之一。在我看來，愛是人能夠具備的最高資格之一。我最喜愛的心靈導師之一、方濟會神父理查．羅爾（Richard Rohr）說過：「只有愛能夠安全的運用力量。」

對我來說，愛就是努力幫助其他人成功，而且經常從提升一個人的自我形象開始。

我在同僚與同學身上、在中小學和大學、在世界級大公司看過自我形象的力量，我也在自己身上看過。我在達拉斯讀高中時，認識一個我知道想要給我忠告的升學顧問，我告訴她我想上的學校之後，她說我進不了那些學校，最好退而求其次。她說我最好考慮離家比較近的學校。

如果我不是被提升我的人圍繞，我可能會接受她的勸告把自己賤賣。但是當時我氣憤的衝出談話現場，加倍決心要達成目標。那不是我本來的力量——那是向我證明我有天賦、希望我成功的眾人的力量。所以，我對能夠接納女孩子、提升她們的老師才這麼熱情——他們改變了學生的人生走向。

獲得愛與支持的女孩可以開始打破壓抑她的自我形象。當她獲得自信，就會懂得她可以學習；當她學習，就會懂得自己的天賦；當她發揮自己的天賦，就會懂得自己的力量。她可以捍衛自己的權利，當你給女孩們愛心而非仇恨，就會變成這樣。你提升她們的眼光，她們就會有自己的聲音。

第五章

沉默的不平等：無薪工作

四、五年前，我開始專注在全世界貧窮婦女的家務負擔之前，我聽說了詹帕（Champa）的故事。

詹帕是一位出身印度中部部落地區的二十二歲媽媽，跟丈夫、姻親和三個子女住在一棟兩房小屋裡。我們的第一任印度辦公室主任阿修克·亞歷山大（Ashok Alexander）某天早上帶著一群衛生人員去拜訪她。他們聽說詹帕有個叫拉妮的兩歲女兒患了嚴重急性營養不良，若不治療可能迅速死亡。

訪客抵達時，詹帕一手抱著孩子，臉上戴著面紗（pallu）——最保守的印度婦女用來限制與男人接觸的紗麗配件——走出家門。詹帕拿著一些她看不懂的醫學文件，把文件塞進阿修克的手裡。

阿修克接過文件時，看著拉妮。小女孩營養不良到骨瘦如柴，母親卻無計可施。拉妮已經無法吃普通食物，她需要特殊治療——謹慎、少量的攝取高營養飲食，但以村子的狀況無法提供。拉妮唯一的希望是到城裡的營養不良治療中心；如果她到了那裡，幾星期後就可能恢復健康。但是中心在公車兩小時車程外，拉妮和詹帕又必須住在那裡兩週，詹帕的公公說過：「（詹帕）她不能去。她必須留下來幫全家做飯。」

詹帕遮著她的臉向女性衛生人員解釋這一切，她就算面對其他女性也遮臉。但即使是為了救小孩的命，她也沒有反抗公公。

阿修克要求見她公公，但他們發現他喝私釀烈酒醉倒了，躺在田地裡。阿修克對他說：「如果我們不幫她治療，你的孫女會死掉。」

「她不能走，」公公說：「離開兩星期，門都沒有。」阿修克再說一遍拉妮會死掉，但公公說：「如果神帶走一個小孩，總會再給另一個。神在這方面非常偉大又慷慨。」

沒人願意代理詹帕做飯的角色。即使是攸關性命的時候，她孤立無援，沒有家人願意或能夠扛起那些責任。

最後因為現場的衛生人員介入，帶她們去治療中心同時讓詹帕留在家裡做飯，拉妮才得救。拉妮很幸運——有很多人像她一樣，母親被家務與社會規範困住，沒有力量保護她們的小孩。

後來阿修克告訴我們，「這不是特例，我見多了。婦女沒有權利，也沒有辦法增強權力。她們只能做飯打掃，讓她們的小孩死在她們懷中，連露出臉孔都不行。」

無薪工作的不平等分配

對整天做無薪工作的婦女而言，日常家事會扼殺她畢生的夢想。我說「無薪工作」是什麼意思？就是那些在家中執行的工作，像照顧小孩或其他形式的照顧、烹飪、打掃、採購與跑腿，由無酬的家人去做。在許多國家，如果社區沒有電力或活水，無薪工作也包括女性取水和撿木柴的時間和勞力。

這就是數以百萬計婦女面對的現實，尤其在窮國，婦女分擔維持家庭運作的無薪工作比例高得多。

全世界的女性平均花超過男性的兩倍時間在無薪工作上，但是差距的範圍很廣。在印度，婦女每天花六小時做無薪工作，而男人花不到一小時。在美國，婦女每天平均做四個多小時無薪工作，男人平均僅二．五小時。在挪威，婦女每天花三．五小時在無薪工作，而男人大約花三小時——沒有完全無落差的國家。這意思是，婦女一輩子平均比男人多做七年無薪工作，這大概是修完學士與碩士學位所需的時間。

如果婦女能減少她們花在無薪工作的時間，就能增加花在有薪工作的時間。其實，把婦女的無薪工作從每天五小時減到三小時，能提升婦女的勞動力參與大約20%。

這點非常重要，因為有薪工作才能提升女性，邁向男女平等，給她們權力和獨立性，所以無薪工作的性別不平衡問題才這麼重要：女性在家做的無薪工作將阻礙她取得進步的各種活動——受更多教育，出外賺取收入，跟其他女性聚會，參與政治事務的障礙等。不平等的無薪工作阻礙女人通往增強權力之路。

當然，有些類型的無薪工作能讓生活深具意義，包括照顧家人。但是當這些義務有人分擔，說它能幫助所有家人——包括照顧者與被照顧者，並不表示是在反對照顧的意義與價值。

二〇一四年一月，我和女兒珍去坦尚尼亞的某個家庭寄宿，地點在奇力馬札羅山附近、阿魯沙東方的布尤尼村。

那是我第一次過夜寄宿，跟一家人住在他們家裡。我希望了解我讀的書籍和報告，甚至了解與我造訪時遇到的女性坦誠對話中缺乏的當地民眾生活實況。

我很高興跟珍一起進行這次寄宿，當時她十七歲，讀高中最後一年。我從子女很小的時候，就希望他們接觸這個世界——不只讓他們回饋他們認識的人，也讓他們與人連結。人生有什麼比跟其他人連結更重大的意義嗎？我還沒找到。後來我也跟兒子羅瑞去馬拉威寄宿過一次，有對親切的夫婦克利希（Chrissy）和嘎瓦納尼（Gawanani）帶著孩子，收容我們住了幾天。嘎瓦納尼教羅瑞怎麼拔雞毛準備晚餐，然後他帶羅瑞看牲畜：「那邊那隻豬代表我兒子的教育費。」羅瑞發現父母儲蓄子女教育費的方式因文化而異，但幫助小孩成功的動機是一樣的。

我們的么女菲比在東非的學校和醫院當過志工，未來估計會住在非洲很長一段時間。我希望透過接觸他人與外地能塑造孩子的行為，但我更希望塑造他們的人格。我希望他們了解人類共通的願望是要幸福，發揮我們的天賦，為別人貢獻，愛人與被愛——大家都是相同的。沒有人比其他人優越，沒有人的幸福或人格尊嚴比其他人重要。

這就是珍和我與馬賽族夫婦安娜和薩納雷居留坦尚尼亞、住在幾年來他們建造的家庭複合小屋期間持續浮出的教訓。他們安排我們住在原本是羊舍的小屋，安娜和薩納雷結婚時接收了這棟羊舍。後來，他們蓋了較大的主屋搬到另一個房間，羊群就占回了牠們的空間。但是珍和我入住時，羊群得搬出去幾天。（至少在我們關上門的時候！）我那次寄宿所學到的超過先前任何一次出差，尤其當我得知女人為了讓家裡與農場運作所承受的重擔。

薩納雷早上出門到他們家的小攤販工作，必須沿著一條大路走一小時。他通常走路去，不過有時候鄰居會騎機車載他去。安娜在家裡照顧房子和農場，珍和我可以幫她做日常家事和活動。

從我們基金會成立以來，我經常走訪貧窮社區，我看到女人負責所有烹飪、打掃和照顧工作不會驚訝。但我從未感受過她們日子的沉重程度——從日出前她們醒來到天黑後很久，她們就寢之前都在做些什麼。

珍和我跟著安娜去砍柴，用鈍掉的開山刀砍奇形怪狀的樹枝。我們走三十分鐘去打水，用頭頂著桶子回家。我們用木柴生火燒水來泡茶，然後開始準備正餐——收集雞蛋，整理豆子，削切馬鈴薯——再拿到爐火上煮。全家一起吃晚餐，餐後我們陪婦女們洗碗，大家一起，晚上十點在家中塵土飛揚的庭院裡洗碗。安娜每天要忙十七個小時。時數與勞動強度對我是一大啟發，我不是從書裡看到的，是用身體感受到的。我看得出安娜和薩納雷的親密關係，努力讓工作分擔平等，但是安娜和村裡其他婦女仍在男女分配不平等的無薪勞動的重擔下掙扎。這不只影響婦女的生活，也會傷害她們的未來。

我們在廚房爐邊做飯時，我跟安娜聊天，我問她如果她有更多時間想要做什麼。她說她的夢想是創業，養新品種的雞，到一小時半車程外的阿魯沙去賣雞蛋。這份收入會改善他們的生活，但只是說說的夢想而已。安娜沒時間經營生意，她的時間都花在幫助家人過日子。

我也有機會跟薩納雷談話。他說他和安娜擔心他們的女兒葛蕾絲，她沒通過去上公立中學的考試。葛蕾絲還有一次考試機會，但如果她第二次沒過，唯一選擇就只剩民營寄宿學校，學費會很貴。如果薩納雷和安娜湊不出錢來，葛蕾絲會失去改善生活的機會。

「我擔心我女兒的人生會跟我老婆一樣，」他告訴我：「如果葛蕾絲不上學，就會待在家裡跟其他沒上學的女生鬼混。其他家屬會開始把女孩子嫁掉，她人生的所有希望就完蛋了。」

這對薩納雷和安娜尤其是複雜情況，因為他們的兒子潘達通過了上公立學校的考試，不是免費但相對便宜。所以他的學業保住了，但葛蕾絲還有個問號。

潘達和葛蕾絲是雙胞胎。他們在學校是相同年級，兩人都很聰明，但葛蕾絲在家裡的工作比潘達多。葛蕾絲在做家事時，潘達有時間讀書。

某天晚上珍戴著頭燈走出我們的小屋，葛蕾絲跑過來問她：「妳回去之後頭燈可不可以給我，讓我晚上做完家事以後可以讀書？」

葛蕾絲是很害羞的女孩，才十三歲，但她夠大膽向珍索討頭燈當禮物，這頭燈對她而言就是這麼重要。

有千百萬個像葛蕾絲這樣的女孩，她們額外分擔的無薪工作，可能就是光明富足的生活跟做飯打掃永遠沒時間學習成長的差別。

我從坦尚尼亞回來之後，體會到無薪工作不只是性別偏見的症狀。改變這領域的現況可能促成女性增強權力，所以我希望了解更多。

先驅者

長久以來，經濟學家不承認無薪工作是工作，也不承認某些工作是「女人家的事」是種偏見，或低估這類工作價值的偏見，或男女分擔不平等的偏見。多年來，經濟學家評估家庭農場的生產力時，他們測量在農地上工作者的時數，但他們不計入女性用在做飯、打掃、照顧，讓農場工人能有生產力的時數，就連很老練的分析者很多年來都忽略這些工作。他們不是根本沒看到，就是覺得不重要，心想世界就是這樣運作的嘛——女性總有這些額外負擔，像是生小孩。

經濟學家未能認清無薪工作的程度，隨著更多女性進入正式勞動力而更加荒謬。女性得付出一整天工作，等她完成有薪工作之後，還要幫小孩寫作業，在客廳吸地板，洗衣服，做晚餐，哄小孩睡覺——大量的工作完全不受注意也不算數。有位叫瑪麗蓮·沃林（Marilyn Waring）的經濟學家了解這種深度偏見，開始尋找改變的辦法。一九七五年，她年僅二十三歲就當選紐西蘭國會議員，也懂得身為職業婦女被制定規則的男人忽視的感受。她去找關於女性無薪工作的研究報告時，她找不到。她請一位男性經濟學家幫忙，他說：「喔，瑪麗蓮，這個題目沒有明確的研究。妳知道得夠多了，不然妳來寫吧。」

於是沃林跑遍全世界研究無薪工作——她計算出如果按照市價雇用工人做女人的那些無薪工作，無薪工作將成為全球最大的經濟部門。但長久以來經濟學家不把這些視為工作。

沃林是這麼說的：在市場上，你要花錢照顧小孩；你生火要付瓦斯費；你把穀物做成食品要付錢給工廠；你開水龍頭要付水費；你在餐廳吃飯要花錢；你去洗衣店洗衣服要花錢；但如果女人都自己來——照顧小孩、砍柴、研磨穀物、打水、做飯和洗衣服——沒人付錢給她，根本沒人在意，因為那是「家事」，而且「免費」。

沃林在一九八八年發表了《如果女人算數：新女性經濟》（*If Women Counted：A New Feminist Economics*）一書。如同美國經濟學家茱莉・尼爾遜（Julie Nelson）所說：「瑪麗蓮・沃林的作品喚醒了民眾。」

一九八五年，聯合國曾做出決議，要求各國在二〇〇〇年之前開始計算女性的無薪勞動。沃林出書之後，他們又把期限提前到一九九五年。

一九九一年，美國國會的某女性議員推動法案，想要規定勞工統計局在時間分配普查中計算家事、子女照顧等等無薪工作，但法案沒通過（當時女性國會議員只占6%）。一九九三年捲土重來，一九九五年又一次，可惜每次都被打回票。

如同沃林寫道，「男人不會輕易放棄半數世界人口幾乎毫無報酬工作的體制」，尤其男人承認「正因為那一半的人工作報酬極少，可能沒有多餘力氣去爭取任何東西」。

最後在二〇〇三年，勞工統計局開始進行測量家事與育兒時數的全國時間分配普查。結果顯示，男人有較多時間從事電玩與運動等休閒活動，而女人不只無薪工作較多，整體工作量也較多。

認知這個問題促使有些人想設法修正。沃林出書之後，經濟學家黛安．艾爾遜（Diane Elson）想出了三段式框架來縮減男女花在無薪工作的時間落差。她稱之為三R：承認（recognize），減少（reduce），重分配（redistribute）。

艾爾遜說我們必須從承認無薪工作開始，所以我們才要政府計算女性花在無薪工作的時數。然後我們可以用自動爐、洗衣機或改良式集乳器等科技減少女性被無薪工作占據的時間。最後，我們可以重新分配無法減少的工作，讓男女更公平的分攤工作。

思考無薪工作的概念，塑造我看待家中事務的方式。老實說——我養小孩和管理家務事都享有很棒的長期協助。我不了解其他必須平衡工作與家事的夫婦他們的掙扎，我無法代他們說話，我也永遠不會把我跟他們的狀況相提並論。但我在自己家裡就看到無薪工作的不平衡——我真的看到了！養小孩可是很花工夫的：送他們上學，看醫生，練習運動和戲劇課，監督寫作業，一起吃飯，在生日派對、婚禮和畢業典禮跟家人朋友保持聯絡。那很花時間，在不同的時間點，我常精疲力盡的找比爾說：「救命啊！」

二〇〇一年秋天，珍開始上幼稚園時，我們找到了對她來說最理想的學校，但是在三、四十分鐘車程外還要過橋，我知道我得每天往返住家和學校兩次。當我向比爾抱怨我會在車程花很多時間，他說：「我可以分攤一些。」我說：「真的嗎？你可以？」「當然，」他說：「這樣我就有時間跟珍說話了。」

於是比爾開始接送小孩。他出門，把珍送到學校，折返，回程路過我們家社區再去微軟上班，他每週負責兩次。大約過了三週，輪到我負責接送的日子，我發現很多爸爸送小孩子進教室，所以我找上一位媽媽聊天問：「嗨，怎麼回事？這裡有好多爸爸。」她說：「我們看到比爾接送小孩之後，回家都跟我們老公說，『人家比爾．蓋茲接送他的小孩上學耶！你應該也可以』。」

幾年之後，某天晚上，我又是晚餐後留在廚房的最後一人，為全家五口收拾善後，我一時發飆宣布：「在媽媽離開廚房之前誰也不許走。」當媽媽的並不表示我必須在其他人走掉時收拾廚房，比爾支持這一點——即使我必須讓他有空間自願洗碗，因為小孩可能洗不乾淨。

如果我嘗試探測讀者讀到這裡時的想法，我擔心某些人可能在想，**喔，糟糕——養尊處優的貴婦厭倦了孤伶伶的留在廚房裡，但她不必在日出前起床，她的小孩不必搭公車，她的育兒支援很可靠，她有願意接送小孩、洗碗盤的伴侶。**我懂，我懂。我描述自己的情況不是因為它有問題，而是因為那是我看問題的制高點。

每個家庭都有自己的適應方式，所有家庭都需使用不同的協助去管理育兒與管家的工作。所以二〇一八年夏季，我跟我資助的研究人員見面，請他們進入全美十個社區，去研究各個家庭如何應付他們照顧家庭的責任——他們用什麼方式節省勞力，他們如何劃分工作，公共政策如何幫助他們，收入如何影響他們照顧家人的方式？

研究人員談論他們工作的方式讓我很感動。照顧是一種人性——照顧小孩或老邁雙親應該是愛心的表現，這提供我們人生中一些最有意義的時刻。但假設女人必須扛起所有工作，那麼應該是開心的照顧就會變成負擔，應該分攤的工作變成劃分界限。我希望這項研究能讓我們看清楚美國人所做的妥協，是什麼促使某些人放棄收入去養小孩與持家？什麼促使某些人在家工作，某些人出外工作？這些決定中潛藏著什麼性別偏見？探索這些問題可能帶來一些公共政策與市場性方法幫助人們應付顧家的責任——讓我們都能多做些讓人生有意義的事。

發現隱藏的偏見

除非了解隱藏的性別偏見，否則我們無法解決無薪工作的不平等。揭露性別偏見對突然看見自身盲點的人是個驚人的體驗——你住在哪裡並不重要。

幾年前，我去馬拉威鄉下，觀察當地團體設計用來揭露隱藏偏見的男女對話。我記得我坐在農田旁邊大樹下一圈男男女女之間，我們前方、有個叫艾絲特的女農民舉著一大張白色簡報，上面畫了個時鐘，她要坐在圓圈裡的男農民向她說明他們典型的一天作息，於是他們閒聊起他們每天花多少時間下田、睡覺、吃飯和休息。

然後艾絲特要求婦女做同樣的事——她們的日子可忙碌多了：撿柴火和打水、做飯、照顧小孩，這些女人在下田之前就已經有份全職工作。即使家人仰賴她們的收成生存，她們能照顧自己田地的時間還是比較少。

男人之間有很多笑聲和玩笑，但某些來自他們發現事實後的尷尬：他們老婆比他們辛苦多了。男士們顯然很驚訝，他們說從未真正注意到他們的老婆有多忙。

同一天，在我看到的另一場演練中，男男女女們演出典型的晚餐場景。在馬拉威傳統上，男人先吃，跟家人隔開，優先挑選食物；之後，老婆和孩子吃剩下的。於是一群志工為所有人演出這一幕——男人大吃大喝，同時飢餓的老婆小孩旁觀。然後另一群志工演出另一種方式：全家在餐桌上一起聊天吃飯，人人有份。

他們的第三種演練是我的最愛，稱作「人與物」（Person versus Thing）。作法是老婆和丈夫互換角色，她可以使喚他，指揮他做被視為她責任的工作。他必須嘗試想像她的工作負擔，體會被命令做事的感受。我在村裡交談、幾個月前跟配偶做過這項演練的人們後來告訴我，那是他們婚姻的轉捩點。

演練過後，我問了幾個男士他們受到什麼影響。一個說以前他會把大部分賺到的錢藏起來，免得老婆叫他花在家人身上。另一個說以前他會強迫老婆做些「女人家的工作」，他說：「起先『性別』這個字沒有意義。我老婆試著跟我解釋過，但我不懂男人怎麼可能做女人的工作，或女人做男人的工作。」

然而，性別演練改變了一切。男士們談到現在他們如何分攤家事，他們和老婆如何一起做決定。有個人告訴我，他喜歡老婆質疑他做決定的方式，因為「她說的話有道理」。我問現在老婆有發言權，男人是否比較難控制財務？所有人都坦承是。但他們說很值得，因為如同其中一人說的：「現在我們會研究對雙方都有利的作法。」

在馬拉威發生這些性別對話讓我很高興，因為它顯示出即使在很傳統的文化中，性別偏見是可以改變的。性別偏見經常是無意識的，我們來看看把它攤開來會怎樣，我們來看看資料，我們來計算工時，我們來分攤工作建立夥伴感，我們來看看終結錯誤的男女工作劃分法之後，生活會有何改善。

蓋瑞．巴克（Gary Barker）領導的團體 MenCare，鼓勵全世界男士們承擔照顧的工作——對於男人為何該這麼做還有更具說服力的資料。分攤照顧工作的男人比較快樂，他們的夫妻關係較好，他們的小孩比較快樂。當父親們承擔至少40%的育兒責任，他們憂鬱症和吸毒的風險較低，他們的小孩學業較好，自尊心較強，行為偏差較少。還有，根據 MenCare 說法，家庭主夫跟家庭主婦顯示出相同的大腦荷爾蒙變化，暗示了母親在生理上比較適合照顧小孩的觀念未必正確。

平衡無薪工作；平衡兩性關係

女性是天生的照顧好手與能幹的持家者沒錯，但男人也是。當女人獨自承擔那些義務，男人在那些角色上的能力就永遠無法培養，女人在其他角色的能力也無法培養。當男性培養自己的照顧面，就會使能幹照顧者的數量倍增。這可以幫助男性跟子女建立穩固的感情，帶來喜悅又能終生延續，這也幫助男女培養更廣範的能力。更好的是，這個轉變能減輕男性宰制的問題，改善男女關係。只要你心中還認為有些事是「女人家工作」、「男人不會做」，就會強化虛假的階級，阻礙男女一起做建設性的工作。打破那個階級其實反而會為男人增強權力，因為允許男人去發現伴侶的力量，讓他們培養自己的照顧面。

在兩性關係的傑作《心之旅》（*Journey of the Heart*）書中，約翰．威伍德（John Welwood）指出他與所謂伴侶之間的「自然平衡過程」。他寫道，「某一方忽視的任何事，另一方會覺得更需要強調。無論我否定什麼存在特質，例如權力、柔軟或戲謔，我的伴侶反而會覺得更需要表現出來。」這種力學讓某些伴侶可能忽略他們真正在乎的事情，因為他們知道伴侶會為兩人做那些工作。常見例子像是其中一方喜歡社交活動但沒做任何規劃，因為他知道他的伴侶更在乎彼此，他不做她就會規劃。

但把你也在乎的事情丟給伴侶，反而會導致切割。當一方把照顧小孩的責任推給另一方，或一方把賺取收入的責任推給另一方，他們就跟自己的權力切斷——或跟自己的小孩切斷了。或許最大代價是兩人也都跟對方切斷了。

有個好得多的方法是，與其一方忽視某項需求而另一方強調不如分攤，我們不應堅持花在無薪工作的時數要在數學上均等，但我們都要認知到我們的家庭需要什麼，我們擬定計畫去搞定它，情況不再是「這是我的工作，那是你的工作」，變成了「我們」的工作。

如果你硬性分割義務，那就削減了你們通力合作的能力，可能傷害關係。相反的，你可以順勢以不同程度分攤一切事情，你們以基於天賦與經驗的自然階級培養完整又互補的夥伴關係，互相教導與學習，領導與跟隨，雙方可以合一。

當然，如果你放棄「一方做這些另一方做那些」的模式，可能必須花較多時間商量事情，但那就是成長之道。就像威伍德說的：「兩人差異的熱度與摩擦，才能推動他們去探索新的存在方式。」

我所讀過、針對無薪工作的許多研究者都聚焦在由一男一女加小孩構成的小家庭，但我們不能指望小家庭的無薪工作模式也能應用在其他家庭的狀況。我們必須對偏見保持警覺，收集更多資料，以便看出什麼對許多家庭是共通的？什麼在特定類型中很明顯？尊重家庭採取的不同形式——無論是兩個媽媽、兩個爸爸、共有子女監護權的單親父母、沒小孩的夫婦，或有祖父母等親戚的大家庭。

平等夥伴關係——無薪工作中的隱性主題

無薪工作的性別不平衡對我而言是很迫切的主題，一部分是因為這團結許多婦女的共同負擔，但也因為不平衡的原因根深蒂固到無法技術性的修補、解決，你必須重新協商兩性關係。對我而言，沒有比這更重要的問題了：你們的關係中有沒有愛、尊重、互惠和團隊精神、歸屬、相互成長的感覺？我相信我們都會用某種方式自問自答這一題——因為我認為這是人生最大的盼望之一。幾年前，我跟朋友艾美．尼爾遜（Emmy Neilson）談到人生、婚姻，和我在家庭與工作面臨的一些困難。艾美是我畢生密友之一，她丈夫是我在微軟的好友約翰．尼爾遜（John Neilson）。她跟約翰也是比爾跟我的夫婦密友，直到約翰三十七歲時死於癌症，艾美跟我從此變得更加親密。我跟她分享一些嫁給比爾之後的困難，例如即使是我們合作的計畫，有時候我覺得被隱形。她說：「梅琳達，妳嫁給一個音量很大的人啊。」

那對我而言是當頭棒喝，後來我很感激她，因為這給了我新的觀點。我一直想要好像在比爾身邊說話一樣找到我的聲音——但那樣可能很難被聽見。

讓比爾為我們夫婦發言對我其實比較輕鬆。但如果我讓他代言，那麼有些重要的事情會沒人說，我也不會質疑自己或他。我想找到自己的聲音，我想要平等的關係，這兩者是連動的，所以我必須想清楚跟一個習慣當老大的男人在一起要怎麼做到。顯然我不會事事跟比爾平等，他對我也一樣，但是我能擁有平等的夥伴關係嗎？比爾會想要平等的夥伴關係嗎？對他會有什麼影響？

上述是我結婚初期經常糾結的一些問題，我希望跟讀者分享一些比爾和我如何走向平等夥伴關係的故事和回憶——這終究是每次討論無薪工作的隱性主題。

珍剛出生時，我感覺在婚姻中很孤單。當時比爾是微軟執行長，應該是他投入工作的巔峰。他忙翻了，每個人都要找他，我心想，**好吧，或許他理論上想要小孩，但現實中不是。**我們沒有以夫婦的身分前進，沒有試著想清楚我們的價值觀是什麼，要怎麼教給小孩。所以我覺得我必須自己思考很多事情。

先前，我們搬進了訂婚後我挑選的、小家庭規模的漂亮房子，當時他沒反對。但一年半後我們搬進比爾單身時期就開始蓋的大房子。我並沒有很想搬進那棟房子，其實，我不覺得比爾跟我想要的東西是一致的，但我們沒什麼時間討論，所以過程中，我想我發生了自我危機。我在這段婚姻中想成為怎樣的人？這促使我思考以前的我如何、我想要做什麼。我不再是電腦公司的主管，我是家有幼兒、丈夫又經常忙碌出差的媽媽，我們搬進了大房子，我不知道有誰會想到我，因為那棟房子不像我。

那是我開始漫長的往平等夥伴關係努力時的處境。從那之後的二十年左右，我們大有進展，顯然我們都想要平等夥伴關係，長期下來我們也採取了必要的步驟。

比爾在訪談中常說，他做的一切事情總是有搭檔。沒錯，但他未必總是有平等搭檔。他必須學習如何平等，而我必須學習如何努力變得平等。我們必須想清楚誰擅長什麼，然後確保各自去做，對於不擅長的事情別太過互相挑戰。但我們也必須想清楚，在我們都有自信而且理念相反的領域要怎麼做。那不是我們能逃避的事，因為我們要一起做每個重大決定，如果我們不能學會透過傾聽和尊重處理重大歧異，那麼連小歧異都會變大。

培養平等夥伴關係對我們最有幫助的一步，是發生在二〇〇二年我們么女菲比出生之後。我在基金會幕後工作而且很滿足，比起我，比爾較少參與基金會的日常工作——他仍在微軟全職上班。但他一露面，記者們會問他基金會的問題，所以他成為基金會的代言人，媒體也開始口頭和書面上稱之為「比爾的基金會」。雖然這並不正確，我們對它的想法也不是那樣，但是因為他公開談論基金會而我沒有，才會變成這樣。於是比爾和我討論之後，決定我應該以共同創辦人兼共同董事長的身分走到幕前，因為我們希望民眾知道是我們兩人共同設定策略與實際工作。這樣的決定讓我們走上了平等搭檔之路。

比爾和我很早就面臨第二個決定，它強化了我們的夥伴關係並且持續受益至今。我們開始雇用基金會員工，有些人說：「看，梅琳達花在教育和圖書館的時間比較多，在西北部太平洋岸工作，而比爾逐漸傾向全球衛生事務，那他們何不分割角色——比爾管全球衛生，梅琳達管教育和國內的計畫？」

我們夫婦討論過這個選項，但我們不同意這麼做。回想起來，如果我們分割角色會是巨大的損失，因為現在我們分攤一切。無論我們學到、讀到、看到什麼，我們會互相分享；但如果我們分割角色，我們會在不同的世界裡工作，兩個世界會很難重疊。或許我們的地位平等，但不會是平等的夥伴關係，那會比較像是各玩各的：我不插手你的事，你也別管我。這是另一個支撐我們走向平等夥伴關係的決定。

我認為婚姻可以成長與進化的觀念，最大的支持或許來自家父，他是我認為男人應如何經營婚姻的模範。

他和我媽還年輕時，我爸接到一位朋友打電話來說：「你和伊蓮（**我媽！**）一定要去 Marriage Encounter 過個週末。相信我，去就對了，我們會幫你們照顧小孩。」他朋友也是天主教徒，剛參加完教會贊助的溝通與婚姻研習營回來，樂不可支。我爸被說服了，於是他找我媽商量，她欣然同意。她當然會同意了，我媽相信婚姻，相信靜修，也相信教會，所以她自然想去參加教會贊助的婚姻研習營。我媽多年來比任何人更能形塑與啟發我的心靈生活。她每週去五次彌撒，她看書，參加緘默靜修，也開放又好奇的探索心靈觀念，而且向來鼓勵我跟著做。所以我媽願意跟我爸去婚姻研習營對我不是新聞，新鮮的是我爸也很高興的跟她去。他們離開了一個週末，回家後變得更親密了，說那是他們一起做過最棒的事。這個故事給我的啟示是，男人可以打電話給另一個男人分享如何改善婚姻的忠告——男人也可以扮演婚姻守護者與支持者的角色。

所以我結婚時，期待比爾也能扮演強化婚姻方面的角色，我很幸運，他的父親也是好模範。比爾的爸爸向來堅定信仰女性平等，認識他的人很容易看出來，但幾年前我們發現更多證據。老比爾曾經參加一個口述歷史計畫，歷史學家給比爾看過一份老比爾退伍回大學之後寫的學術論文。論文日期是一九四六年十二月十二日，老比爾剛過二十一歲生日，裡面有這樣一段：「蓋茲國度最傑出的觀念就是女性享有男性所有的權利的完美狀態。女性會跟男性一樣普遍出現在各行各業，男性也會接受女性進入這些領域是很正常的事，而非異常事件。」

以上可以瞥見這位幫忙養大我丈夫的男人的觀點。（這幾年我都驕傲的說我養了個女性主義者兒子——或許跟他祖父的關係比較大。）

比爾也從家中有堅強活躍的女性而受益。在他家裡，母親有很大的發言權。他雙親都為父親的事業工作，但兩人也都支持他母親從事公共服務工作，因此瑪麗．麥斯威爾．蓋茲在她的母校華盛頓大學的董事會服務。其實在學期間，她就認識了後來成為她丈夫的老比爾，早先他們還不太熟的時候，瑪麗要求老比爾支持她競選學生會會長，他卻說他要支持另一個候選人！（不過幸好，最後他做了正確的選擇。）

身為華盛頓大學董事會成員，瑪麗帶頭努力減少校方在南非的持股。她也在幾家企業董事會服務，當時很少女性這麼做。她是進入華盛頓第一州際銀行董事會的第一位女性，也是全美聯合勸募組織執行委員會的第一位女性主席。

瑪麗以不同職位在聯合勸募服務了很多年。比爾的青少年時期，瑪麗在分配委員會，她和比爾會針對分配策略進行長時間的餐桌討論。她為他上了慈善工作的入門課，然後勸說他在微軟發起第一次聯合勸募活動。比爾和我結婚時，他母親罹癌病重，在我的新娘午宴中大聲朗讀她寫給我的信，她的結尾句是「獲得很多、備受期待的人們敬上」。她對比爾很有影響力，他也很崇拜她。

比爾的祖母也幫忙養育他，她也是華盛頓大學校友，在很少女性打籃球的時代就開始打籃球。所以比爾出自一個堅強、聰明又成功婦女們組成的家庭。在家裡陪伴你童年的印象對一個人的成長很有影響。

他父母給我們的結婚禮物是兩隻鳥一起膽怯的專注眺望遠方的雕像，對我來說，很能說明比爾童年家庭的價值觀。我把雕像放在大門邊，因為我很喜歡。它對我代表了夫婦一起展望未來的單一焦點。

所以我認為比爾會想要平等的夥伴關係，因為他在家的成長過程就是這樣。另外還有一個理由：他很積極學習，喜歡被挑戰。當兩個人互相挑戰又互相學習，有平等化的效果。我常跟比爾談到我對牛步到令人抓狂的改變感到很挫折。他很擅長觀察大局中的事件，在歷史、科學和機構的脈絡中規劃改變，而我會教他壓抑脾氣的方法。

二〇一六年，比爾參加加州理工學院的活動，主持人問他：「你管理公司、跟人合作的方式還有在進化嗎？」比爾說：「呃，我希望有。我太緊繃時我太太會給我許多意見。你知道的，有時可能不夠緊繃，有時可能太緊繃。我很少犯不夠緊繃的錯誤。我在等有一天她告訴我，『欸，你今天太友善了。別這樣。你讓那些人逃過一劫，他們在浪費我們的錢，你該開口說話的。』我可能會在那種狀態至少找一組資料點來調整情緒。」

比爾傾向平等夥伴關係的一大部分理由，是這樣生活有趣得多又有挑戰性。不過到頭來，我想比爾天生適合平等夥伴關係是因為這符合他最深層的價值觀。我們共事初期，就發現我們的慈善事業有個潛在精神：前提是所有生命價值平等。它推動了一切，這個原則對我具體——不是抽象觀念，而是我們世界觀的誠實表現——的理由之一，就是目睹別人的苦難可能使比爾落淚。

比爾的柔軟面可能令很多人驚訝，尤其是見過比爾競爭、戰鬥的人。那是真的，比爾有那些特質，但他也有相反的特質。他可以柔軟，可以溫和，可以非常貼心。

擁有巨大財富可能令人很混亂，它可能膨脹和扭曲你的自我感覺——尤其當你相信金錢代表貢獻的話。但比爾是我認識最腳踏實地的人之一，因為他清楚了解自己是如何演變到今天的。

比爾為了成功，工作超拚命，承擔風險，做出犧牲。但他一向了解成功還有另一個成分，就是運氣——絕對強大的運氣。你什麼時候出生的？你父母是誰？你在哪裡長大？

你有過什麼機會？那都不是我們爭取來的，是別人給的。

運氣在他人生中的角色，不只是他私下向我承認的東西。當作家麥坎・葛拉威爾（Malcolm Gladwell）問比爾為什麼成功時，他也是這麼說的。比爾說：「我想我年輕時比那個時代的其他人更常接觸軟體研發，我成功只是因為遇上幸運得出奇的一連串事件。」

所以比爾是有幽默感的。雖然不是隨時——我可以給你很多相反例證，但這是他的成長道路。回顧人生跟最深層的自我連結時，他知道他不特殊；他知道特殊的是他的環境——了解這點的人就能看穿階級，推崇平等，表現溫柔的內心。

如果比爾被我影響，是因為我對生命、軟體、群眾、謎題和作家費茲傑羅的熱情；我被他影響，則是因為我了解他柔軟溫和、起初隱匿但明顯慢慢浮現的內心——那個人會因為某些生命被視為不值得拯救而生氣。如果你自認比別人優越，是無法奉獻人生在所有人命等值的原則上的。在比爾的心裡，他完全沒這麼想過。那是我最喜愛他的特質之一。

是我想要的

上述性格與成長背景的結果，讓比爾適合平等夥伴關係。即使如此，我認為如果我沒把這點列為優先事項，我們還是無法一起進步。有時候我得要求，有時候我甚至得逼迫。

容我告訴你，我發現我真的想要在基金會跟比爾當平等夥伴的那一刻。

二〇〇六年，華倫．巴菲特宣布了史上最大筆的捐獻。他承諾把他的大部分財產捐給我們基金會，讓我們基金會的規模倍增，為我們開啟可以在全世界投資的新機會。我們對他的慷慨很驚訝，也感激他的信任。華倫讓比爾跟我決定怎麼花這筆錢，我們對於可以用華倫的捐款完成什麼事都很興奮，但同時我對如何決定怎麼用他的財富去拯救人命與改善生活也感受到無比重擔。

我們三個人在紐約公立圖書館策劃開記者會來宣布這筆捐贈。當時，比爾還在經營微軟，華倫經營柏克夏海瑟威，而我專注在基金會，密集旅行去考察我們的計畫，但不常公開發言。這將是我代表基金會參加的第一場記者會，我很努力準備。對於我要說什麼和我在全世界看到什麼、學到什麼，我想了很久。我希望表揚華倫，並且準備要睿智的說明我們用他的錢可以做什麼。

記者會上，比爾、華倫和我深入回答了很多問題。當記者問到我們打算怎麼擴展工作，我已有答案，我們希望投資在改良農業生產力，所以我說了。我們希望投資在微型貸款和對抗更多傳染病。當記者問到細節，我也說了，提供我出差所學到的教訓。

那對我是個轉捩點。我從來沒發現自己對工作多麼熱心，直到我聽了我跟比爾、華倫的公開討論。我領悟到這必須要是平等的夥伴關係，不只是我需要、比爾需要，基金會也需要。那一刻我知道我真心想要。我從未跟華倫說過他的捐贈對我的影響，但我很早以前就該說了。他是我無可比擬的精神導師，他的才能激發我成長的大躍進。

那場記者會對比爾而言也有類似效果。他也領悟到我們必須是平等夥伴，意思是我得多多公開演講。當然，那也表示我必須靠比爾指導，因為他當公眾人物的經驗太豐富了。他可以敷衍我的，但是從來沒有；他總是很支持。老實說，我懷疑比爾很擔心我，尤其在記者會後會很需要支持——因為幾年前我在基金會第一次演講時，他見過我需要極大的支持。

有一場早期的演講經驗對我而言特別可怕。比爾和我都安排好要去西雅圖會議中心講話，那段期間我對公開談論基金會的工作很不自在，尤其是在比爾面前講話。所以我跟他說：「欸，我真的很想演講，但是我超緊張的不想在你面前講，所以必須請你講完之後先離場。」

回想起來我會想笑，但我當時不是開玩笑的。我知道我需要什麼！於是比爾致詞完畢，悄悄離開會場，上車，兜了十五分鐘，回來接我，再開車回家。我要求他離開，他一點兒也沒讓我覺得尷尬。雖然後來我沒有再這樣子要求過他，但有時候我會告訴他：「欸，無論我表現多差，希望你假裝每個字都很震撼的樣子。」我很老實的讓他知道我多麼容易受傷，他從不笑我或利用我的不安全感。比爾從不認為我早期的自卑感跟我的天賦能力有什麼關係。他看得出我會成為怎樣的人，也幾乎總是給我最需要的支持。

不過有一次，光要求他協助還不夠。我必須逼迫。

幾年前某個下午，比爾跟我、以及吉米．卡特前總統夫婦在他們喬治亞州普雷恩斯的家中碰面。幾天後，比爾和我在海灘度假村讀書，比爾很喜歡吉米．卡特的《充實人生：九十歲的反省》（*A Full Life: Reflections at Ninety*）。他突然傻笑起來，我問：「有什麼好笑的？」比爾說：「你想知道二十年來他們婚姻生活中最嚴重一次爭吵的原因嗎？」我說：「嗯，我想！」我很想知道，因為他們結婚七十年了，我想知道他們維繫婚姻的所有祕訣。比爾說：「他們嘗試一起寫書時大吵了一架。」

我仰頭大笑說：「我聽了感覺好多了！」因為比爾跟我第一次一起坐下來寫年度報告時，我們差點就要掐死對方了。我當時以為「呃，這場婚姻可能在此完蛋」。

一切要從二〇一二年秋天說起。當時比爾開始撰寫二〇一三年初要公布的年度報告，比爾是從五年前開始撰寫基金會工作的年度報告。華倫鼓勵我們一起寫，但當時我家有三個幼兒，我不覺得我有時間。二〇〇七年，我們小女兒菲比剛開始上學，羅瑞八歲，珍十一歲，我忙著基金會的其他工作，所以前兩年也沒加入比爾寫報告的行列。他沒提議，我也沒想過。但到了二〇一二年，我在基金會變得活躍多了，幕前幕後皆然。那年有倫敦家庭計畫高峰會、我們擴大發放避孕用品給一億兩千萬名婦女的運動。自然，當比爾開始擬定他在報告中想談的主題時，家庭計畫也在其中。

我對這件事有種強烈的占有慾，比爾知道而且也支持。雖然我們說好不會在基金會分割我們的責任，兩人都參與所有議題，但我們會根據各自的知識與興趣在某些領域中帶頭。當時我們說好家庭計畫由我帶頭，所以如果比爾在年度報告中必須提到，我們不是應該一起寫，或者該由我寫嗎？

年度報告已經變成比爾的案子沒錯，但它用基金會名義、透過基金會管道發給基金會的夥伴，因此當他在寫一個基金會的計畫，我有權主張我應該跟他一起寫。不過，他那邊也有自己的論點，所以我必須先問自己——「我要爭取這件事嗎？」

最後，我判斷我必須提出。我不知道結果會怎樣，我甚至不知道我該建議怎麼做，但我心裡很煩，知道要提出我的想法才對。於是比爾跟我坐下來談。

我說我相信我懂他那邊的業務，我列舉他會覺得應該自己一人寫報告的所有理由。但我也告訴他，他要寫的很多觀念是他和我一起學到的，是透過基金會工作的錯誤嘗試和我們夥伴在現場的成功學來的。然後我提出比較敏感的論點，我說有些議題我的聲音可以發揮影響力，在那些案例中，應該由我發言——單獨由我或跟他一起發言。這會強化我的音量，提升我們的夥伴關係，推展我們的目標。

這就是我在討論中提出的論點。（我可能不是很冷靜，但是講得很有道理！）比爾說我們撰寫年度報告的程序，多年來對基金會挺適用的，他看不出有什麼必要改變。歧見激化，我們都生氣了，那是對我們的大考驗——重點不是如何達成協議，而是無法協議時該怎麼辦。我們花了很多時間才敲定。但那時，我們已經一肚子火。

最後，比爾要我寫一篇避孕用品文章放在報告裡。於是二〇一三年的年度報告標題是「二〇一三年比爾．蓋茲年度報告」並且包括一篇我具名的文章，敘述我去尼日、塞內加爾和倫敦高峰會出差的經過。

翌年的年度報告標題是「二〇一四年蓋茲年度報告」，內容是「阻礙窮人進步的三個迷思」。比爾寫了其中兩個，我寫了一個。

下一年的年度報告標題是「二〇一五年蓋茲年度報告——我們對未來的大賭注——比爾與梅琳達．蓋茲。」

從「他」的、到「我們」的年度報告，至此完成進化。

我們做過好多事情都幫助我們前進，年度報告是其中一件大事，但如果要我指出比爾可能會說、最能顯示他本能深刻的支持平等夥伴關係的一件事，那就是幾年前有個密友問我是不是家中的「時間警察」？我的答案是沒錯，我就是時間警察。我花了很多年確保家中的一切事情都有人做，孩子們穿好衣服、寫完作業、出現在該出現的地方。但是現況跟早期我一人扛起所有工作的時候有些不同了，孩子們也開始承擔多一點責任，比爾也是。所以我請友人拿這題問比爾，看他會怎麼說。他的答案比我溫和也睿智。

他說：「我們儘量不讓任何人當別人的時間警察。我們當然會討論行程，但我們從來不希望某人被塑造成無憂無慮的角色，另一個是製造困擾的角色。最好把它當成互相挑戰。」

那是我聽比爾說過關於平等夥伴最確證的訊息之一了。我們儘量分攤角色，尤其在有歧見的地方，我們努力確保別讓其中一人做骯髒的工作。階級制度的特徵之一就是你會獨占有權力又刺激的工作，把瑣事丟給別人。這是階級的目的。所以當你們一起分攤不愉快的工作，就是對階級的反抗。因為如果不能讓別人做你不想做的事，製造階級還有什麼意義？階級不就是逃避你該分攤的責任的方法嗎？

因為比爾在微軟的角色，我有時候發現朋友們會假設比爾和我在婚姻中有傳統的性別角色，這讓我挺驚訝，但他和我很努力在擺脫任何階級，除非根據天賦、興趣和經驗形成自然、彈性、可變動的階級。我們說好了，無論過去或現在，我們在生活中的各種角色不該影響我們在婚姻中或基金會的平等夥伴關係。

我感同身受

這是本書中我最私密的一章，寫起來我覺得挺痛苦的。我是個低調的人，我猜這是有些事我寧可保密免得被批判的委婉方式。有時候我決定把某件事寫進書裡，然後印出來重讀之後又覺得不妥，但最後我還是都留著，理由有兩個。

第一，我相信女性不是靠一對又一對的夫婦而是靠改變整體文化得到平等，分享我們的經歷可以改變文化，所以我才分享我的經歷。

第二，是因為我處理世界上的各種問題，同時卻假裝我在私生活中已經解決這些問題，似乎不太對。我必須面對自己的缺點，否則可能落入認為我是來解決別人問題的自負。

我朋友吉莉安是我在這方面的老師。先前我提過吉莉安的事，她的組織「復原咖啡」服務街友和精神疾病患者，組織裡每個人的工作核心都是相互解放的關係。員工、志工和會員都參加練習如何深入了解與關愛彼此的小團體。

吉莉安說：「被了解但不受喜愛很可怕，受喜愛但沒人了解又沒有改變我們的力量。

但是被深入了解與喜愛能改變我們。」

她在她的書《進入愛》（*Descent into Love*）寫到這一點。努力幫助別人同時與他們保持安全距離，無法真正幫上他們或療癒我們。我們必須對別人開放心胸，我們必須放棄區隔與優越的慾望，然後我們才能助人。自立工作同時幫助別人是種內在與外在兼具的工作——改變世界的努力和改變自己的努力是合一的。

吉莉安的洞見幫助我了解，我支援各地女性的工作有一大部分必須是內心的工作——面對我自己的恐懼和缺陷。她幫我看清，除非先在自己的婚姻中達成目標，否則我無法在世界上捍衛性別平等。

我從來不認為女性比男性優越，或改善世界的最佳方法是讓女性獲得比男性更多的權力。我認為男性宰制對社會有害，是因為任何宰制都有害——表示社會由假統治階級統治，權力與機會是根據性別、年齡、財富和特權授予，而非根據技能、努力、天賦或成就。當宰制的文化被打破，就激發了我們所有人的權力。所以我的目標不是女性崛起、男性衰落，是讓男女都從爭奪宰制的地位變成夥伴的狀態。

如果目標是男女之間的夥伴關係，我為何這麼強調增強女性權力和女性團體？我的答案是，我們從彼此身上獲得力量，我們在達成目標之前也必須經常說服自己我們配得上平等夥伴關係。

這個倡議不能只來自男性，如果可以，早就達成了。宰制地位的男人不可能會說：「欸，我們來平等吧，妳拿走我的一些權力。」但是男人會改變其他男人的觀點，或主張自身權力的女人可能會有回應。男人了解女人提升權力的益處之後才會有改變——不只是體認到女人能做什麼男人做不到的事，還有平等夥伴將帶來無法從階級關係得到的關係品質——「你負擔太重時我會幫你，你負擔較少時你會幫我」的承諾所產生的情感連結、歸屬感、社群感、團結感與完整感。這些力量產生人生中最令人滿足的情感——一種愛與團結的體驗，是各自單打獨鬥的夥伴不可能達成或缺乏的。它可以把階級關係轉變成平等關係，而且來自堅持自我的女性。所以女性必須互相提升——不是取代男人成為階級頂端，而是跟男人成為夥伴，去終結階級問題。

第六章

當女孩沒有聲音：童婚問題

將近二十年前，我去考察貧窮地區的某些嚴酷現實時，搭汽車來到印度某個火車站。但我不是去趕火車的，我是來見一位校長。來這裡見校長似乎很奇怪，偏偏學校就在這裡——在火車站內的月台。學校叫做火車月台學校，因為就在月台上課。

印度有很多小孩子住在火車站內和附近。大多數人是為了逃離家庭虐待，所有人都很窮，他們收集空瓶罐換錢、撿零錢和當扒手。設立火車月台學校就是為了教育這些小孩。這間特殊學校的校長也經營幾間庇護所，設法一有機會就讓小孩回到原生家庭，在小孩生病時也安排醫療協助。對我而言，見到這些用很少錢或食物撐過每一天的小孩，強烈駁斥了窮人不聰明、沒創意或沒活力的舊迷思（很遺憾迷思至今尚未消滅）。這些孩子和他們老師都是我見過最有創造力的人。

我下車時校長過來迎接，我立刻被她的儀態嚇了一跳。她很緊張，講話音調高亢又急促。她肯定察覺了我的反應，所以她說：「很抱歉我這麼激動，平常我不是這樣的。因為我剛救出了一個差點被家人賣給妓院的女孩。」

那天早上她接到一位男子來電，他聽到隔壁人家有女孩慘叫聲。那孩子被打得很慘——動手的不是父親而是丈夫，她是在強迫婚姻中被送給她丈夫的兒童新娘。通報的男子當時聽到女孩的丈夫說打算賣掉她，所以才打給校長，她剛趕去把女孩接了回來。

我問校長，那位丈夫為什麼打小女孩？她解釋，女孩的家人付出了被要求的嫁妝，但新郎的家人認為嫁妝不夠，繼續追討。新娘的家人沒錢了，所以新郎的家人遷怒她，開始打媳婦。「這種事很常見。」她說。

那是我初次見識到童婚的創傷與悲劇。

三言兩語很難描述童婚對女孩子、家人和社群造成的傷害，但是容我這麼形容它的危險。婚姻中的平等夥伴關係可促進健康、繁榮與人類成功，它帶來尊重，提升彼此——再也沒有比童婚更遠離平等夥伴關係的事了，童婚會產生巨大的權力失衡又難免虐待問題。在印度，（即使嫁妝違法）某些女童的家庭仍然支付嫁妝，女孩越年幼，教育程度越低，通常家人支付的嫁妝也越低。在這類案例，市場機制很清楚，女童權力越少，婆家越容易接受她。他們不想要有意見、技能或想法的女孩子，他們要的是聽話、不反抗的僕人。

被迫進入婚姻的女孩會失去家人、朋友、學校與任何進步的機會。即使只有十或十一歲，她們也得承擔家事責任——做飯、打掃、農耕、餵牲畜、撿柴與打水。然後不久，她們被期待生兒育女。工作、懷孕與分娩的負擔對兒童新娘造成了可怕的後果。

在我初次聽說童婚之後許多年，我造訪尼日的瘺管醫院，見到名叫法蒂的十六歲少女。法蒂十三歲結婚，馬上就懷孕了，她的分娩過程漫長又辛苦——而且即使她痛苦萬分需要熟練的助手照顧，村裡的婦女只會叫她用力擠。難產三天之後，她被驢子載到最近的診所，胎兒死掉，她得知她患了瘺管。

胎兒太大或母親太小無法安產的時候，通常在漫長的難產中形成分娩瘺管。胎兒的頭部施壓在周圍的組織，限制血液流動，造成陰道與膀胱或陰道與直腸之間的空洞，可能導致大小便失禁，包括糞便經過陰道排出。瘺管女童的丈夫經常對臭味與肢體傷害不悅，乾脆把老婆逐出家門。

分娩瘺管的最佳預防方法是延後初次懷孕，生產時也要有熟練助產士在場——法蒂兩者都沒有。反而在她被迫童婚和懷孕之後，被丈夫因為不是她的錯所造成的病而趕出來。她在娘家住了兩年，直到她能夠上醫院求診。我找了機會在醫院跟她談話，我問她有什麼願望，她說最希望被治好，讓她回到丈夫家中。

見到法蒂、聽到火車月台學校的受虐兒童經歷，只是我早年對於童婚這場震撼教育不完整的一部分。二〇一二年見到法蒂之後，短短幾天我又認識了美寶．范奧倫治（Mabel van Oranje），這場教育才猛烈加速。

我先前提過倫敦家庭計畫峰會，美寶是當晚加入晚宴的女性之一。與會所有女性都在談不同的女性議題，美寶談的是童婚。

晚宴前我就聽說，美寶是荷蘭碧翠絲女王之子弗里索王子的妻子，皇室地位讓她的人權工作備受矚目，但她結婚之前老早就開始推行社會運動了。大學時代，她曾經旁聽聯合國安全理事會關於種族屠殺的辯論，後來去聯合國當實習生。她大學畢業前就成立第一個非營利組織，接下來的十年都在鼓吹和平。

身為曼德拉創立、邀請全球領袖一起推動人權的長老組織（The Elders）執行長，美寶經常旅行。旅途中她遇到一個娃娃臉的年輕媽媽，她問那個媽媽幾歲結婚的，對方說不知道——她猜是五到七歲之間。美寶大驚，她開始利用自己的經驗、資源和人脈學習童婚問題，發起一項新的艱難嘗試去終結這個問題。

她就是這樣在倫敦那場晚宴認識我的。我很佩服她，因為她即使私人遭逢悲劇仍維持公開工作，令我更加敬佩。在我們晚宴的五個月前，美寶的丈夫滑雪時被雪崩困住，活埋在雪堆底下，因為缺氧陷入昏迷。我認識美寶的那年夏天，她在醫院陪伴丈夫，幫助子女克服心理創傷，同時仍為了理想目標儘量工作。一年後，她丈夫並沒有恢復意識，就這樣去世了。

倫敦那晚美寶和我交談時，她正帶領一個叫做「女孩不是新娘」（Girls Not Brides）的組織，目的在改變社會與經濟誘因進而終結童婚。那是個重大挑戰。美寶和我結識之時，近十年內每年有一千四百多萬件童婚。新興國家有三分之一的女童在十八歲生日之前結婚。九分之一在十五歲生日之前結婚。

美寶是第一個教我家庭計畫和童婚有關聯的人。兒童新娘經常受到證明生育能力的龐大壓力，意思是她們很少使用避孕用品。其實，女性使用避孕用品的比例在童婚盛行的地方最低。但少女不使用避孕用品可能會送命：因為全世界十五到十九歲的少女，最大死因就是生小孩。

那一晚美寶吸引我的注意，成為我的老師。

從晚宴上的對話，我開始了解所有性別議題在許多方面互有關聯，我判斷我必須在各個領域多加學習。我離開晚宴時，滿腦子都是童婚問題，好奇的想知道更多。平常，我認識議題的方法是先一頭栽進去——結識生活在我想了解的現實中的人們並且交談。然後，我回來之後再深入研究資料，跟專家與社運人士交流。不過在這個議題，我的作法相反。我先從資料開始，我得知兒童新娘比同齡未婚者感染ＨＩＶ的比率較高，她們也比較可能被伴侶強暴與毆打，她們教育程度比未婚女童低，她們跟丈夫的年齡差距通常比較大，會加深導致虐待的權力失衡。

我也得知許多實施童婚的社群也實施女性生殖器割禮。我前面提過這個問題，但這跟過早結婚也有深刻的關係。在實施割禮的文化中，女童割掉部分生殖器，讓她「適合結婚」。不同社群執行不同程度的割禮，最嚴重的不只要切除陰蒂，還要把陰道縫合以便在結婚後重新開啟。女童的生殖器一旦割過，父母就可以開始找人把她嫁掉。

無論女童有無經過割禮，兒童新娘的新婚之夜都混雜著大量的痛苦與孤立。有個孟加拉少女回想起丈夫對她說的第一句話就是「別哭了」。

如果女童的丈夫住在不同村子，那她得跟著他遷往她完全陌生的社區。有些兒童新娘在途中被蒙著臉，以免她們逃婚認得路回家。

兒童新娘是受虐的目標。在印度幾個邦的婦女研究發現，滿十八歲以前出嫁的少女被丈夫威脅、掌摑或毆打的機率是成年者的兩倍。

日積月累，兒童新娘可能有越來越多子女——或許會超過她撫養、教育與照顧的能力。有那麼多小孩，她就沒時間賺取收入，過早懷孕也會讓她身體虛弱。所以她餘生都有貧病交迫的風險，她的子女也會陷入世襲貧窮。

會見已婚兒童

我從專家那裡學到了這些事實，但我也必須去找兒童新娘談談，認識努力終止這個習俗的人。於是在二〇一三年十一月，我去衣索比亞參加研討會時，跑到該國北部一個偏遠村落，去考察人口理事會（the Population Council，非政府組織）進行的反童婚工作。

我們抵達村子時，有兩位女士跟我受邀到一座充當村民集會場的庭院去；村裡有個小衛生所、地爐，還有我們會面的小教堂。周圍人很少，我們沒帶員工，陪同我們的男士被要求留在車上。我們希望有最佳機率聽到女童的心聲，所以我們丟開一切可能令她們顧忌的人。

我們走進教堂，裡面很暗，只有幾扇小窗讓光線照進來。有十來個女孩坐在裡面，等我的視力適應了陰暗之後，發現她們看起來好小。她們很瘦小，像脆弱的雛鳥，還在成長，根本還沒長出翅膀來，但是已經被嫁掉了。我好想伸出雙臂擁抱，保護她們。她們只有十到十一歲──是我女兒菲比的年紀，但她們看起來更年幼。我聽說半數女孩已婚，另一半還留在學校裡。

我先跟已婚的女孩們談。她們講話好小聲，我聽不太清楚她們說什麼。連翻譯都得湊近去聽。我問她們出嫁時幾歲，是怎麼發現她們要被嫁掉了。其中一個叫賽蘭（Selam）的女孩說，她十一歲的某天，她在幫母親準備宴會。她一整天都在烹飪、打掃和打水。她回憶的過程中，不時停下來深吸一口氣，然後小聲的繼續說，彷彿在述說什麼祕密。

她說，賓客們一抵達，父親把她拉到一旁告訴她馬上要結婚了。今晚就是她的新婚之夜。

她突然一陣恐慌，衝到門口狂拉門鎖，拚命想跑出去，逃得遠遠的。但她父母早就有所準備，他們把她拉回來，逼她默默站在丈夫身旁進行儀式。宴會結束後，她便離開娘家前往她從未看過的村子，搬進丈夫的家，開始承擔一輩子的家事義務。

每個女孩都有悲慘至極的經歷，最慘的就是像賽蘭那樣子，被欺騙以為她們家要辦宴會——要不是你知道會讓她傷心，否則幹嘛騙她？有幾個女孩談到自己的結婚日就哭了起來。她們不只離開家人和朋友搬進陌生人家裡，為他們做飯打掃房屋，她們還得離開學校，每個人都知道那是什麼意思。有個看起來大概八歲的新娘告訴我，學校是唯一的脫貧之路，她一結婚，路就斷了。她們都用耳語訴說自己的經歷，很難形容她們的姿態，實體存在中的沉默和虛弱。有些女孩——我特別記得兩個——像是行屍走肉。她們似乎很挫折，她們完全喪失了聲音，我看不出她們有什麼機會復原。

我邊聽邊努力隱匿我的情緒。我不想讓女孩們察覺我認為她們的人生是場悲劇，但也許只是我一廂情願，我確信一定露出馬腳了——我越來越情緒化，她們哭泣時，即使我努力忍住，也淚眼汪汪。

然後我跟未婚、還在學校裡的女孩們交談，她們講話就比較大聲了。她們保持一點自信，談到童婚時，我甚至聽得出語氣有些抗拒。在此刻很清楚的，嫁掉的女孩們被奪走了一些很重要的東西——好像婚姻一開始，成長就結束了。

我們訪談完畢走出戶外時，光線好刺眼。我瞇了好一會兒才能夠走過庭院去跟導師們談話。他們想要幫年輕女孩們避開婚姻，也幫已婚女孩留在學校裡。

他們在做重要的工作，也看到了樂觀的成果，但我向來不擅長親眼目睹苦難之後，馬上吸收工作的細節。我腦中有個聲音問：「有什麼計畫能超越我剛看到的事？」看到問題所產生的衝擊，讓我沒辦法馬上對問題做什麼有用的思考。情緒太強烈了。

我們回機場途中，應該要停下來喝茶向團隊做簡報的，但我沒辦法，回程路上我很沉默。我們抵達過夜的住處後，我去散步設法消化這一切。

當天稍早，我聽女孩們說話時，感覺只有傷心。隔開一段時間和距離後，我開始為被騙結婚的女孩們感到越來越生氣。沒有小孩應該被這樣對待。

在印度，如同衣索匹亞，有些對抗童婚的計畫試圖拯救結婚之前的女童。聯合國人口基金發表過比哈爾邦一個十三歲女童的故事，她偷聽到父母在討論隔天的婚禮——是她的婚禮。

這對她而言是個震撼彈，但在她的社區稀鬆平常，幾乎在任何一個案例中，劇情都會像賽蘭那樣子展開——女孩反抗，但什麼也不會改變。這個故事的結局卻不同，這個印度女孩手機上有個叫 Bandhan Tod 的應用軟體，意思是「打破你的枷鎖」。一聽到父母討論她的婚禮，她抓起手機，打開軟體，發出求救訊號——童婚災難訊息。組織 Bandhan Tod 網絡的幾位領導人收到了。有個工作人員趕到女童家裡找父母談，童婚在印度是違法的，所以他們有權介入家務事。父母拒絕退讓，於是團體領袖們採取下一步：他們聯絡當地警察，隔天警察局副局長帶著一群警員到進行婚禮的現場。警察在完成儀式之前成功阻止，讓十三歲準新娘回到家，繼續上學。

我為逃離婚禮回到家庭與學校的女孩們高興，但這故事顯示出問題有多複雜，以及我們為何需要更深層的對策。許多被嫁掉的女孩沒有手機，她們沒有支援網絡，沒有當地警察會找上門阻止婚禮。還有更重要的，當女童逃離婚姻回到家裡，是回到想把她嫁掉的父母身邊，那怎麼行？她在家裡沒有權力。她擊退了父母，或許還讓他們丟臉。父母會拿她出氣嗎？

能夠拯救女童逃離早婚很重要，但更重要的是處理一開始促使父母嫁掉幼女的誘因。

如果一個家庭嫁掉女兒可以收到金錢，他們少了一張嘴吃飯，又有更多資源幫助其餘家人。如果一個家庭必須付錢嫁掉女兒，女兒越年幼，家人需付的嫁妝越少——無論如何，這些都是有利於讓女兒早婚的誘因。每一年女兒不結婚，她遭受性侵害——然後被視為不潔、不適合婚姻的機率越高。所以父母經常急著嫁掉幼女，也是考慮到女孩和家庭的名譽，讓他們能避免汙名。

容我暫停一下，改談女孩被迫進入童婚的受虐狀態是為了保護她們逃過其他侵害，這理由是個多令人傷心的現實。世界衛生組織說，有三分之一女性曾被毆打、脅迫性交或虐待。

基於性別的暴力是全世界最常見的侵犯人權問題之一，也是男人企圖控制女人最明顯、最侵略性的方式——無論把強暴當成戰爭工具、打老婆，或男人在職場使用性暴力或霸凌去貶抑獲得權力的女性。

我聽過一些女性因為憂慮自身安全放棄夢想，為了躲避性侵犯去上離家較近的次等學校等可恨的故事。這些故事來自全世界，包括美國。在我們終結所有性別暴力那一天之前，我們需要更努力去保護所有女性。沒有安全就沒有平等。

在早婚問題方面，女孩的社會選擇受到文化限制很大，把女兒嫁掉的父母經常自認是為女兒和家人做最佳選擇。這意思是我們反對童婚本身還不夠，我們必須改變讓童婚成為貧窮家庭聰明選項的文化。

沉默的英雄

茉莉．梅爾欽畢生致力於證明上述的論點。茉莉是我的另一位老師，前面我提過她。我們在二〇一二年的夏天認識，她示範給我看挑戰長久文化習慣的最棒方法。

我跟茉莉在塞內加爾的某城鎮會合，我們一起開車去鄉下考察她主持的社區提升權力計畫。我們開了一個小時左右，茉莉告訴我，一九七〇年代她當交換學生時來到塞內加爾練習法文，她很快的就愛上了塞內加爾人民與文化——愛到她決定也要學習當地語言沃洛夫語（Wolof）。

不過即使熱愛這個國家，她發現在這裡當女人有多麼困難。許多塞內加爾女人在幼年就做生殖器割禮——通常在三到五歲之間，很多人早婚而且被鼓勵儘快多生小孩。外來團體試過改變這些習俗，但是沒人成功，茉莉不知不覺間看出了原因。她成為開發計畫的口譯，充當村民與外來援助者之間的連結。她很快的發現這兩群人的隔閡不只是語言障礙而已，還有同理心的障礙。外來者缺乏技巧把自己設想在他們想幫助的人民生活中，他們也沒什麼興趣去了解用特定方式做某件事的理由。他們甚至沒耐心向村民解釋他們為何認為某件事應該改變。

路上，茉莉向我解釋了阻礙所有發展努力的同理心障礙：捐助的農業設備閒置生銹，衛生所門可羅雀，像女性生殖器割禮與童婚之類的習俗維持不變。茉莉說我們經常對開發中國家的某些習俗很憤慨，想要衝過去大喊：「這是有害的！住手！」但這是錯誤作法。她告訴我，憤怒可以拯救一兩個女孩，卻只有同理心能改變體制。

這個洞見促使茉莉發起稱作托斯坦（Tostan）的組織，研究新方法去改變社會。她的組織裡沒人會跟村民說他們做的某件事錯誤或有害。其實，茉莉說她絕不使用「女性生殖器割除」（female genital mutilation）一詞，因為充滿批判性，如果你批判民眾，他們不會聽你的。她用的是「女性生殖器切割」（cutting），因為這樣才不會冒犯她想要說服的民眾。

改變的細膩技巧

托斯坦的方法不是從外部批判，而是從內部討論。受過訓、能講當地語言的協助者要在村裡住上三年，引導整個社區的對話。他們每週主持三次議程，每次幾小時，一開始都叫民眾提出他們理想中的村子樣貌，他們所謂的「明日之島」。托斯坦所做的一切都是為了達成村民心中想要的未來。

為了幫助村民獲得那個未來，協助者教導保健衛生事務。他們教識字、數學和解決問題，他們教導每個人都有基本人權——學習與工作，擁有健康，表達他們的意見，不遭受歧視與暴力。

即使在有觀念宣導的地方，這些權利都離現實很遙遠——尤其在女人公開宣稱自己是被丈夫毆打的「好理由」的社群，男女平等的觀念似乎很荒謬。但是日積月累，女人就能理解為何某些改變——男人做「女人家的工作」、女人賺取收入——會驅使男女地位平等，而且這些改變有所助益。人們更健康，更多人識字，所以或許這些觀念有點道理。

在基本權利和男女平等的課程之後，全員開始討論女性衛生。以前連談論女性生殖器切割——他們認為古老又神聖，簡稱為「傳統」的習俗都是禁忌。即使如此，協助者還是會說明它在健康上的後果，包括感染與失血的風險。她得到的回應是僵硬的沉默。

但是在下一堂課，村中的產婆舉手站起來。她心跳加速，她說她親身看過行割禮的婦女比較容易難產。接著其他女性也開始分享自己的經歷，她們回憶被割時造成的痛苦，她們女兒流很多血的樣子，還有些女孩失血致死。如果所有女孩都擁有健康權，割禮不就侵害了權利嗎？她們非割不可嗎？他們激烈辯論了幾個月。最後，那年他們決定女兒到了該割禮的時候，他們不會執行。

茉莉把組織命名托斯坦時，就設想過這樣的時刻。沃洛夫這個字指的是雛雞初次鑽破蛋殼的瞬間，翻成英文就是「突破」。

茉莉回憶說：「我們目睹了一件很重大的事——人們一起集體反省他們最深層的價值觀，質疑目前的態度與行為是否事實上違反那些價值觀的行動。」

對我來說，那是個神聖的行動。

但茉莉面臨一個挑戰。她看到了村子的文化改變，但是擔心改變無法持久。這個村子的人會跟許多周圍村落的人通婚，跟外界通婚對他們全體而言是力量的來源，可以建立人際關係形成更大社群的機會。但如果其他村子保留女性生殖器切割的習俗，堅持是聯姻的必須，那麼茉莉協助的村子就會被孤立。年輕人可能找不到結婚對象，他們就可能恢復舊習。不管如何，必須所有的村子都同意——沒有人可以獨自改變。

村裡的教長和茉莉討論過這個憂慮，但他說改變非做不可。「我來設法解決。」他說。他徒步巡迴了很多天，造訪所有村子，花時間坐下來傾聽，跟民眾討論女性、婚姻、傳統與改變。但茉莉很久沒收到他的消息，有一天他終於回來說：「解決了。」他說服了所有村子放棄女性生殖器切割——全部立刻生效。在塞內加爾的那個地區，父母不必面臨切割女兒或強迫她們過孤立生活的抉擇了。

這個運動很快蔓延到其他村落，甚至其他國家——大半是由援助計畫觸及生活的村民所引導。沒多久，民眾也開始質疑其他有害的習俗。

托斯坦曾經發起計畫的某個塞內加爾村子裡，父母在女兒十歲左右就強迫她們結婚。

當地民眾開始在托斯坦的課程中談到早婚如何影響少女，這些言論開始後不久，一位跟丈夫分居的婦女就聽說丈夫安排要把女兒嫁掉。女兒名叫卡狄（Khady），她才十三歲。丈夫派了個代理人到七年級課堂上把卡狄帶離學校，告訴她隔天要結婚不會再回來了。

當晚，她母親展開反擊，跟托斯坦計畫領袖們還有小學校長召開特別會議，他們一直商議到深夜。隔天早上，幾十個社區居民和學校的學生發動遊行，拿著自製標語：**讓女生上學，我們不接受童婚。**

結果遊行有效。卡狄繼續留在學校，母親也傳話給卡狄的父親說在他們村子童婚是不被允許的。卡狄的救援比我先前提過的警察救援更強大——警察救援是法律的事，這次救援則是文化的改變。

如今，托斯坦協助的八千五百個社區已承諾女孩子不會變成兒童新娘。據托斯坦表示，有八個國家三百多萬人說過他們不會再實施女性生殖器切割。

茱莉和我一起搭車去找引發這些改變的村民談話時，她告訴了我上述故事。我們抵達後，茱莉跟我受到盛大迎接，受邀一起跳塞內加爾舞蹈。然後教長帶領禱告，大家舉行村民大會解釋托斯坦的作法：團員根據他們對未來的願景和每個人的權利一起做決定。

會議之後我有機會逐一認識村民。他們迫不及待要分享他們的生活有什麼改變。婦女們強調男人如何開始做以前被認為是女人家工作的家事，像是撿柴、照顧小孩和打水；我想跟男士們談談他們為何願意改變，因為舊模式似乎對他們比較有利。「你們為什麼願意去井邊打水？」聊了一會兒之後，我問某個男士，他說：「那是很費力的工作。男人比較強壯，該由男人做。此外，我不希望我老婆那麼累。我們村裡的婦女總是很累，如果我老婆不累，她開心，我的日子也比較好過。」

我在全世界轉述這件事時，總是引起哄堂大笑。

我跟婦女交談時，也問她們如何跟丈夫相處。其中一人說：「以前，我們不跟丈夫說話，現在我們成了朋友。以前，他們打我們，現在不會了。」大多數婦女說她們有用避孕用品，丈夫也支持。教長說：「如果你一個接一個生小孩，對你的健康不好。如果小孩健康一點，真主會比較高興。」

男女雙方都說，以前他們在十歲左右就把女兒嫁掉，但現在即使有人給錢，他們直到女兒滿十八歲才會嫁。我問一位年輕未婚男子，他會不會娶別村十八歲以下的女孩，他說他已經拒絕一樁未滿十八歲女孩的婚事，不過他不曉得她長大以後還願不願意嫁給他。

會見幾個較大的團體之後，我受邀到一戶人家探望幾位女性。她們跟我談割禮；室內昏暗，哀傷與後悔的氣氛很凝重。其中一人解釋：「我們的祖先要求我們這樣，所以我們也同樣要求女兒。我們被規定這麼做，從來沒有多想。我們從未深入了解，我們以為這是個榮譽。」

另一位女性描述她在傳統中擔任的角色時哭個不停。她拿戴在頭上的一塊布擦拭臉上的眼淚，全程邊說邊哭。

「我不是執行者，」她說：「但我比執行者涉入更深。執行者不能看到女孩的臉，她們被割時我負責壓住她們，我必須堅強的壓制，因為太可怕了。女孩們會尖聲慘叫，但即使她們跑掉我也要壓住她們。我看過很恐怖的事，所以現在我們不做了。我停手時受到家人強烈批評，但我告訴他們這是神的旨意，因為女孩們流血甚至死亡，我們絕對不會再這麼做。我說的是馬上停止，而且對象是每個人。」

聽完這些故事的那一晚我回到飯店房間，我也哭個不停。

我憑什麼？

我離開塞內加爾時有兩個疑問：托斯坦為什麼會成功？我憑什麼介入？

這些疑問——稍後我還會提到——跟第一章裡漢斯．羅斯林的想法有關：**美國富豪大撒幣會搞砸一切！**

漢斯說得有道理。我看到至少在三方面，富裕卻沒經驗的捐贈者可能搞砸事情。

首先，如果大咖贊助者進入一個地區選擇了某個作法，在當地工作的人可能拋棄他們自己的想法聽從金主，因為那樣才會有錢；若是如此，金主不會發現好主意，反而可能無意中扼殺掉好主意。

其次，比起商業，慈善工作可能很難知道怎樣才有效，因為諸多理由，受贈者和受益人可能告訴你一切順利，其實並非如此。除非你能客觀的衡量成果，否則很容易一直資助無效的想法。

第三個危險是，富人可能自認在某方面的成功就表示他們也是一切事務的專家，所以他們憑本能行動，而非跟一輩子做慈善的人士商討。如果你自認聰明絕頂聽不進別人的話，可能誤闖超出你專長的領域，做出有巨大衝擊的壞決策。

漢斯對上述問題的擔心是正確的。在我的工作方式與捫心自問之下都會盡力考量到這些觀念，尤其是這題：

身為外人，我憑什麼支持去改變非我所屬社群的文化？

當然，我可以說我贊助當地人的工作，當地的內部人士也接受這個倡議。但是內部人士的工作也可能被其他內部人士反對，而我選擇支持某一群人而非其他人，這不就是受西方教育的有錢外來者「我最懂」的傲慢嗎？我不就是用權力把我的價值觀強加在我幾乎不了解的社群上嗎？

無法否認我希望推廣我的信念，我相信所有生命等值，所有男女生而平等。每個人都有歸屬，每個人都有權利，每個人都有權利成功。我相信當被規則拘束的人們無法參與制定規則時，道德盲點會成為法律，使無力者受害。

這些是我的信念和價值觀。我相信這些不只是個人而是普世的價值，我若能支持遠離讓某群體宰制其他人的文化，就會加入改變社會規範的戰役。我相信把社會利益歸向權力者而把負擔歸向無力者，這種根深蒂固的社會規範不只傷害被排擠的民眾，也總是會傷害全體福祉。

所以當一個社群否決女性是否與何時嫁給誰的決定權，把女孩當作財務交易的一部分指派給男人，就奪走她發揮天賦的權利，強迫她畢生當個無薪的家庭僕人，那麼人權的普世價值就沒有實踐——每當有社群的部分成員想要為無法發言自衛的女孩奮起，我相信那就是應當加入為女性奮戰的好地方。我就是這樣解釋為何我支持去改變與我大不相同的社群文化。

托斯坦的方法如何幫我合理化我的參與呢？幸好，為了保護別人不被我自己的盲點和偏見所害，我支持的想法需要得到遠超過我的支持才能形成力量。從男性宰制文化改變到兩性平等文化的過程，總是必須有大多數社群成員的支持，包括讓有權力的男性了解跟女性分享權力能讓他們達成光靠自己無法達成的目標。這本身就是對抗任何外來者傲慢專橫的最大防護。

改變不是來自外部而是內部，而且儘量透過最顛覆性的行動：社群成員討論普遍被接受卻很少討論、經常被視為禁忌的行為。

為什麼這樣做會有效？當人們的交談使得生活有所**改善**，這些對話會加速改變——

我指的不是人類變得更擅長科學和科技，我指的是人類更擅長做人。女性、有色人種、LGBTQ社群和其他歷史上曾經遭受歧視的團體能獲得更多權利，這才是人類進步的跡象。

人類改善的起點就是同理心，一切都從這點出發。同理心讓人傾聽，傾聽才導致理解。我們就是這樣獲得共通的知識基礎。當人們出現歧異，經常是因為沒有同理心，沒有共通經驗。如果你對別人感同身受，比較可能懂得別人的想法，你們可以試著互相理解，然後你們可以繼續坦誠、尊重的交換想法。這才是成功夥伴關係的特徵，也是進步的來源。

當人們更能夠設身處地感受別人的苦難，並紓解他們的痛苦，那個社群的生活就會改善。在許多方面，我們對彼此的同理心超過從前設定的習俗與傳統的古人，所以針對已經習慣的習俗去對話，目的是拿掉老舊偏見且加入同理心。同理心不是紓解痛苦所需的唯一力量——我們也需要科學，但同理心有助於終結我們認為誰有權享受科學裨益的偏見。

如果你認真觀察，通常會意外的容易發現偏見在哪裡。文化習俗形成後，誰被忽略、削權或遭受不利？誰沒有發言權？誰沒被徵詢過他們的看法？誰分到最少權力又承擔最多痛苦？我們如何填補盲點扭轉偏見？

未經討論的傳統會扼殺道德進步。如果你被硬塞一項傳統而且決定不討論——照做就是了，那就是讓過去的人命令你該怎麼做。這會扼殺看穿傳統盲點的機會——道德盲點總是以排擠他人、忽視他人痛苦的形式存在。

找出去除道德盲點的對話方式，是可以由外人促成的，但不能被外人操縱，因為民眾自己要討論他們的習俗，還要根據他們的價值觀思考是否有助於他們達成目標。

當社群這樣子挑戰他們自己的社會規範，被迫因別人受益的習俗而承受痛苦的人們就能被承認需求，並減輕負擔。以童婚為例，是基於同理心、以平等主導的全社群討論，形成一個女性不再被迫結婚、結婚日不再是悲劇、教育不會在十歲就結束的世界。當你檢視舊習俗，除去偏見，加入同理心，一切都會改變。

那天茉莉和我要離開村子時，我們進行最後一次談話，這次是跟村長。

他說：「以前我們會嫁掉女孩子收錢——好像在買賣。男人都說慣例就是這樣，但我們不了解婚姻是怎麼回事。應該要讓女人快樂，如果她不想結婚，就不會成功。我們不再強迫，不再搞童婚。這種事情不符合我們真正的信仰。我們現在有清楚的願景，以前我們太短視了。眼睛近視是壞事，但是心靈的短視糟糕多了。」

第七章

發現性別偏見：農業中的女性

在馬拉威某個偏遠農村迪米村，聖誕節那天每個人都聚集在一起慶祝，除了一位女性派翠西亞——她在一哩外的田裡，跪在占地半英畝的農場潮溼泥土上種花生。

當其他村民分享食物開心聊天時，派翠西亞極度小心的工作，確保她的種子完美的並列——每排間隔七十五公分，每棵距離十公分。

六個月後，我到派翠西亞的農場拜訪她，跟她說：「我聽說過妳的聖誕節怎麼度過了！」她笑說：「因為那天剛好下雨啊！」她知道如果趁土地還潮溼時播種，農作物會長得比較好，所以就這麼辦。

你一定以為像派翠西亞這麼用心的人會非常成功，但是多年來，她過得很辛苦。即使她辛勤工作，她和家人連基本生活水準都遙不可及。她沒錢給小孩交學費——儘管這是能幫忙脫離貧窮循環的投資。她甚至沒錢買一套能讓生活輕鬆一點的鍋具。農民要成功需要五樣東西：好土地、好種子、農具、時間和技術。派翠西亞和每樣東西之間都有障礙，只因為她是女人。

舉例來說，這在撒哈拉以南的非洲很常見：馬拉威大多數社群的傳統規定女性不能繼承土地（馬拉威最近通過法律給女性平等繼承權，但是習俗改變得比較緩慢），所以派翠西亞的田地不是她的，是付錢租的。這是一筆費用，讓她無法投資在土地提高生產力。

還有，因為派翠西亞是女人，她對家庭支出沒有發言權。多年來，她丈夫決定全家怎麼花錢——如果不供給派翠西亞農具，她也無能為力。

她丈夫也決定派翠西亞怎麼分配時間。她搞笑模仿他指使她的樣子：「去做這個，去做這個，去做這個，去做這個，沒完沒了！」派翠西亞整天都在砍柴、打水、做飯、洗碗和照顧小孩。她沒什麼時間把她的農作物或產品拿到市場去，以確保賣到最好的價錢。如果她想要雇幫手，工人也不會像幫男人一樣賣力工作。馬拉威的男人不喜歡受女人指揮。

更誇張的是，連派翠西亞種植的種子都受到性別影響。有些開發組織長期跟農民合作育種，會長得較大或吸引較少蟲害。但是幾十年來，當這些團體跟農業社群領袖諮商，他們只會跟男人談，而男人只專注在種植他們能賣的作物。幾乎沒人幫派翠西亞這種要專心餵飽家人，經常種植鷹嘴豆、蔬菜等營養作物的農民培育種子。

政府和開發組織經常提供訓練農民的課程，但女性沒什麼自由可離家去參加課程，或與通常是男性的訓練者交談。當組織想要利用科技傳播資訊——透過手機簡訊或廣播發送指導，他們發現只有男性控制那些科技。即使家裡有手機，也是男人在拿；如果家裡在聽廣播，也是男人在選台。

當你歸納起來，就會開始了解像派翠西亞這樣聰明努力的農民怎麼樣都無法出頭。有一個接一個的障礙擋路，只因為她是女人。

了解派翠西亞

二〇一五年我見到派翠西亞時，是去了解限制她務農成功的性別角色與偏見。我花了很多時間才想通——起點就是華倫．巴菲特把大部分財產捐給我們基金會。

華倫的捐贈為我們基金會開啟了新疆界。我們突然有資源投資在我們知道很重要、很有潛力、但還沒大舉投入的領域。我們是個學習中的基金會。如果我們在某個陌生領域看到新機會，一開始會先小額贊助，看看會怎樣。我們設法搞清楚狀況，我們尋找施力點，然後再看看加碼投資是否合理。當華倫告知我們他的捐贈，我們正在探索一些新領域但尚未決定加碼，他的資源驅動我們前進，很快就帶領我們到達捐贈的重要新焦點——性別平等。

比爾和我決定要將新資源撤離全球衛生議題，直接著手去減少貧窮。「如何幫助極度貧窮的人獲得更多收入？」是我們一開始的問題，我們的第一步是深入了解他們現在如何過活，如何取得收入——原來全世界超過70%貧民靠耕種小塊土地取得大多數收入與糧食。這個連結顯示了一個重大機會：如果這些小地主農民能讓農地提高生產力，他們就能多種一些作物，收穫更多糧食，享有較好的營養，賺到更多收入。其實，我們認為幫助貧農多種植糧食並且送往市場，可能是世界上減少飢餓、營養不良和貧窮最強大的方法了。

我們決定把焦點地區放在非洲和東南亞。撒哈拉以南的非洲是全世界二十五年來人均栽種作物沒有增加的唯一地區。如果世人能在這個地區幫忙研發可抗洪、抗旱、抗病蟲害、產量也較高的作物，幾百萬人的生活就會改善。所以我們的策略似乎很清楚了：我們要專注在科學，設法幫助研究人員研發新種子與肥料，去幫助地主小農栽種更多糧食。

那是我們在二〇〇六年一開始設定的方法，當時我們新農業計畫的主管拉吉夫．夏（Rajiv Shah）參加了愛荷華州的世界糧食獎研討會，向頂尖農業專家發表演說，解釋我們的期望並徵求意見與構想。主辦單位邀請拉吉夫演講，然後聽取四位名人的回應。最先回應的是諾曼．波勞格（Norman Borlaug）博士，他因為發起綠色革命帶來農業產量激增，拯救數百萬飢民而獲得諾貝爾和平獎。下一位講者是戈登．康威（Gordon Conway）爵士，英國國際開發部的首席科學顧問。接著是陳曉陽（Xiaoyang Chen）博士，華南農業大學校長。

等陳博士講完時，活動早已超過預定時間，但還有一個人要回應，是聯合國世界糧食署的女性行政主管凱薩琳．柏提尼（Catherine Bertini）。她察覺聽眾厭倦了長篇大論，所以直接講重點。

「夏博士，我想提醒您美國國母之一艾比蓋兒・亞當斯（Abigail Adams）的名言，她寫信給正在費城起草獨立宣言的丈夫說，『別忘了女士們』。如果您和基金會同事不留意農業中的性別差異，就會重蹈許多前人犯過的錯，浪費你的錢。唯一差別是你會更快浪費掉更多錢。」

說完，凱薩琳坐下，宣布散會。

幾個月之後，拉吉夫聘請凱薩琳來蓋茲基金會教我們農業與性別之間的關聯。

「她們幾乎全是女人」

凱薩琳加入時，基金會裡根本沒人談論性別議題，那不在我們的策略之中。我不知道當時其他人怎麼想，但我要很不好意思的說我沒想到性別議題跟我們的開發工作有關。不是說我忽略了婦女是我們許多計畫的主要受益人這一點，家庭計畫顯然是婦女議題，新生兒與母親保健也是。為了讓更多小孩打疫苗，我們必須瞄準媽媽發送我們的訊息，那些議題中的性別元素顯而易見。但是農耕不一樣，它沒有明顯的性別歧視，至少對我沒有，一開始沒有。

大約在凱薩琳加入拉吉夫、比爾和我開會檢討我們的農業策略時，情況開始改變。拉吉夫介紹凱薩琳，並說：「她是來處理性別問題的。」但這個字眼似乎激怒了比爾，他開始談到要有效、有成果、專注目標。比爾支持增強女性權力與性別平等，但是他認為那會讓我們偏離種植更多糧食、餵飽更多人的目標——他也認為任何事情只要會讓我們失焦，就會傷害我們想達成的效果。

比爾有時候挺嚇人的，但凱薩琳很想把話說清楚。「這跟效果有很大的關係，」她說：「我們希望讓地主小農儘量有效率，我們也希望給他們所有工具、種子、肥料、貸款、勞力——任何他們必須拿到的東西，所以我們要了解農民本質、他們想要什麼是很重要的。下次你去非洲鄉下開車，往窗外看看是誰在田裡工作？幾乎全是女人。如果你只聽男人講，因為他們才有時間和社會地位被允許去參加會議，那你就不會了解女人真正需要什麼，她們才是主要在幹活的人。」

凱薩琳離開會議後，跟拉吉夫說：「找我來幹嘛？如果他不相信，永遠行不通的。」拉吉夫只說：「他聽進去了。相信我。」

過了一會兒，凱薩琳在路上開車，聽收音機裡比爾接受全國公共廣播電台專訪談經濟發展。比爾說：「世界上大多數窮人是農民。大多數人不曉得婦女才是工作的主力，所以我們要給她們新種子、新技術。如果你給婦女那些工具，她們使用起來會很有效的。」

凱薩琳差點滑出路面。

凱薩琳發現正如拉吉夫預料，比爾會學習。他熱愛學習，對，他挑戰別人很尖銳，有時候甚至太強硬，但他會傾聽學習，學習之後，他願意改變。這份學習熱情不只是比爾的方法，我也是。這是我們想在基金會創造的文化核心支柱，解釋了我們全體如何達成共識，或許有人快有人慢——但性別平等竟然驅動我們同時都想要做的工作。

如果沒有性別差異和不平等，馬拉威大多數農民是女性的事實就不重要。但如同派翠西亞的生活顯示，性別差異和不平等問題真的很重要——在某些方面，讓女性種植她們需要的作物困難多了。

漢斯．羅斯林跟我說過一個故事加強論點。他在剛果的某個村子裡跟幾位婦女合作，測試木薯根的營養價值。他們收割木薯根，加上編號，放進籃子裡拿到池塘邊去浸溼。

他們裝了三個籃子，有個女士拿走了第一籃，另一個拿走了第二籃，漢斯拿了第三籃。他們沿路走成一直線，過了一會兒，她們突然都放下籃子，其中一個女士轉過身來看到漢斯的籃子，見到鬼似的大叫：「這個怎麼會在這裡？！」

「是我拿的。」漢斯說。

「你不能拿！」她大叫：「你是男人！」剛果男人不扛籃子的。

嚴格的性別規則也延伸到其他領域：誰來整地，誰來播種，誰來除草，誰做移植，誰管家裡、照顧小孩和做飯。當你看著一個農民，你看到的也是個母親。家事勞動不只占據農務時間，還讓婦女無法參加能跟其他農民交流、學習改良種子、最佳作法與新市場的會議。你一旦了解大多數農民是女性，女性地位不如男性，一切都不同了。

二〇一一年聯合國農糧署有項指標性研究顯示，開發中國家的女農民即使跟男性的技術一樣，收穫率比男性少20到30%。女性產量較低是因為她們無法取得男性擁有的資源和資訊，如果她們有相同資源，她們也會有同等的收穫。

報告書說，如果我們能把貧窮女農民當成有明確需求的客戶，去研發專為她們設計的科技、訓練與服務，那麼女性的收穫量會跟男性相同，如此一來女性會有較多收入，提高她們在家中的發言權，改善小孩的營養，有錢交學費。因為食物產量增加，還能減少全世界一億到一億五千萬個營養不良人口。

報酬很龐大，但是困難也很大。派翠西亞不只是個女人——她代表千百萬個婦女。那些婦女的田地比男人小，她們較難接觸到延伸服務、市場與貸款；她們缺乏種子、肥料和訓練；某些地方的女性還不准被擁有銀行帳戶，或不經男性家屬背書就簽署契約。

如果你設法幫女性改變她們的生活，遇到這些性別障礙，可能會讓你退卻，說：「改變男尊女卑的文化不是我們的角色。」但當你得知女性農民占半數以上，又得不到她們所需提升田地產量的東西，結果她們的小孩挨餓，家人持續貧窮，這會迫使你選擇——你可以繼續做同樣的事，強化人們對貧窮的偏見，也可以幫女性獲得她們餵飽小孩、發揮她們潛力所需的權力。這是很顯而易見的選擇——挑戰偏見或延續它。政治上，這是個棘手問題，但在道德上很容易：你服從壓抑女性的舊文化，還是要幫忙創造提升女性的新文化？

為農業中的性別平等而戰從來不是我們的計畫，我們必須花點時間設法理解全局。這對想要協助改變世界的任何人都是一大挑戰：你如何遵照計畫，同時繼續傾聽新主意？

你如何維持策略彈性，以便能夠聽見推翻舊策略的新主意？

我們剛開始以為貧窮農民只需要更好的科技，像是能讓他們在同一塊地更嚴苛的天氣下長出更多穀物的新種子，但農業革命的潛力不只是在種子，而是女性種植者的力量，這才是被遺漏的重大觀念。這是新計畫。如果我們想幫助農民，必須增強女性的權力。那麼，怎樣讓團隊的每個人都這麼想呢？

「增強女權」的耳語

以我最初的想法，為女性增強權力不是添加上去的目標，而是代表全世界貧民能有更多糧食，更好的營養和更高收入。

性別平等本身就是個夠格的目標，但我們基金會不會這樣推銷它。當時不會。這是新觀念，總有人會懷疑。就像有個高位者拒絕對話，說：「我們不搞『性別』。」另一個人則反擊說：「我們不要變成社會正義組織！」

我們起步時，很注意抗拒者，即使最熱心的鼓吹者也不肯談增強女權。這個詞彙令人卻步，模糊掉「你必須知道農民需要什麼」的核心訊息。但我們必須提醒做農業工作的同仁，農民多半是女性，意思是研究人員必須開始向女性而非男性收集資訊，意思是研發新種子的科學家必須跟女性溝通。

以下是個例子。農業研究人員想要改良一顆新米種子時，他們經常走出實驗室去跟農民談談他們在改良品中希望看到的特點。

這是好主意。但許多研究人員是男性，他們經常只跟男性農民談，女農民經常被排擠在對話外，因為她忙著家裡的其他工作，或因為男性專業人士跟婦女交談是文化忌諱，或因為研究人員不了解女性貢獻有多重要。

接著，通常研究人員告訴男人某種改良種子的特性，男人聽了很滿意，於是研究人員回到實驗室繼續完成種子開發，讓它上市。男人購買，女人種植，然後（負責大多數收穫工作的）女人發現稻梗長得太短，她們必須彎腰收割。

過了一陣子，婦女告訴丈夫，她們想要高一點的作物免得在收割時累到腰酸背痛，結果農民不再買那些種子，大量時間金錢和研究工作就這樣被浪費掉。只要有人先跟婦女談過就可以避免這種情況的。

好消息是，國際稻米研究所（ＩＲＲＩ）學到了男女農民尋求的好稻米種類有些差異。男女都喜愛像高產量的種子；顯然，他們希望儘量多生產糧食。但因為女性在農場的工作包括收穫與烹飪，她們也偏好長到適當高度、煮熟不用太久的白米種類。所以稻米研究所研究人員跟農民諮商對改良種子的期望特性時，強調要跟男女農民都談過。他們知道如果男女雙方的意見都納入種子研發，長期而言種子比較可能被所有農民採用。

我們學會這些教訓之後開始捐助，幫助破除女農民獲取改良種子、肥料和科技，還有他們需要貸款來提高生產力時面臨的障礙。

我們早期有一筆捐贈簡單俐落：我們想要提供迦納鄉下農民技術協助，於是我們的夥伴決定做廣播節目，教女農民怎麼種番茄，他們做了很多研究以確保節目達到最佳觸及率。他們判斷廣播是最佳媒體，因為很多人不識字，大多數人也沒有電視；正確頻率是每週播一次，這樣才符合農民新工作的步調。番茄成為最佳作物是因為比較容易栽培，既能賣錢又能改善家人的營養。他們需要確認的最後一點是女人聽廣播的時間——因為如果把節目放在男人控制收音機的時段，女人就無法學到種番茄的事。

這種思維開始在基金會裡生根，大家變得很注意節目中重要的性別差異與社會規範。

我們開始低調的轉變，起初基金會裡只有幾位性別專家跟想要聽聽性別聚焦如何幫他們達成目標的人商議，他們講得很客氣。早期領袖之一海文・雷（Haven Ley）現在是我的首席政策顧問，開玩笑說她「在地下室工作了三年」，她很少說出「性別平等」或「增強女權」等字眼，她改向民眾解釋注意性別差異如何造成影響。「你不能直接跑去大談你關心的事，」海文解釋：「這樣沒有人在乎。你必須搞清楚民眾眼中的成功是什麼樣子，他們害怕什麼樣的失敗，然後才能幫他們得到想要的東西。」

進展很穩定，但是我認為太慢。大家仍在基金會低聲談論性別，有時候用耳語，不太想要光明正大。我看到連某些強力鼓吹者都小心翼翼迴避，他們會在會議中提起但不用力——好像小心別太大聲說出他們知道正確的話語。

煎熬了好長一段時間，我無法給她們我想給的提升。我在觀察，但我沒準備好，時機未到，基金會還不夠成熟，我還不夠擅長使用資料。我沒時間進行新的大型計畫——我還在努力推家庭計畫。我家裡有三個小孩，我正在摸索自己婚姻中的平等。有太多事情擋路了。但後來還是等到時機成熟，我準備好了，我有信念、經驗和手上的資料，基金會有了員工，於是我決定幫二〇一四年九月號《科學》期刊寫篇文章，在裡面說明我們基金會對性別平等的承諾。

在文章中，我承認我們基金會較晚把性別平等當作策略。「結果，我們失去了把我們影響力極大化的一些機會。」我寫道，但我們基金會現在要「把女性放在我們全球發展的核心」，因為「除非我們目前介入的國家能有系統的處理性別不平等，滿足女性的特定需求，否則我們無法達成目標」。

我是為了合作夥伴、金主和其他協力工作者寫那篇文章，但主要目的是做為給比爾與梅琳達．蓋茲基金會每一位員工的訊息。我很想大聲公開說出我們對性別平等的策略和優先事項，那是我指導與強調基金會的焦點時用過最大的力氣。該是搬出地下室的時刻了。

互相提升

《科學》期刊的文章發表半年後，我出差到印度東部的賈坎德邦，拜訪一個名叫普拉丹（PRADAN）的受贈單位。普拉丹是我們得知女農民的核心角色之後初期投資的組織之一。

普拉丹在一九八〇年代開始運作時，領袖們起步的焦點不在提升女性權力。他們邊做邊想通了，基於普拉丹（意為「回饋社會」）的精神，該團體開始派出優秀年輕專業人員去貧窮村落看他們能否幫上忙。菜鳥們抵達村子後，震驚的發現男人如何對待女人：如果她們未經許可出門，丈夫會毆打老婆，連女人都認為那是可接受的。這些女人在社區裡自然沒有地位，沒有資源，沒有銀行帳戶，無法存錢，也申請不到貸款。

於是普拉丹的領袖們開始找這些丈夫們談，替他們的老婆取得許可來參加討論農耕的十到十五人聚會。他們跟丈夫的協議是「你如果讓老婆參加聚會，她會增加你們家庭的收入」。婦女開始定期聚會，還一起存錢，然後，其中有人必須投資時，她可以從團體中申請貸款。等團體存夠了錢，就跟商業銀行聯繫。這對農耕活動的金融面很有幫助。婦女們也很快就要求跟男人一樣接受農業訓練，她們學習辨認種子，栽培作物，以利她們能餵飽家人，賣掉剩餘作物，撐過飢荒時期。

這就是該團體的背景。所以我參加聚會時，準備好大開眼界了，但是連我都驚訝的是當聽到團體領袖問：「在加入自助團體之前，如果你能種出足夠全家吃一整年的作物的人，請舉手。」

完全沒人舉手。

接著她問：「去年你有剩餘作物可以賣掉的人，請舉手。」

幾乎每個人都舉手。

增強女權從來不自我設限在某些議題。農耕建議和財務支援開始幫助婦女之後，他們尋求新的戰場。我造訪時，他們正在遊說政府改善道路與提供乾淨飲水，他們最近也向地方政府提出申請蓋村裡的第一座廁所；他們發起活動對抗村裡的酗酒問題——呼籲男士戒酒，施壓政府官員執法，甚至跟當地賣酒的婦女合作，幫她們轉業維生。

增強女權還有另一個跡象——影響女性行為舉止的方式。我會見遭受嚴重性別偏見的婦女時，經常從她們看我（或不敢看我）的樣子察覺出來。溫馴了一輩子並不容易改變，但這些女性的儀態不一樣——她們抬頭挺胸，大聲說話，不怕發問，告訴我她們知道什麼、她們的想法是什麼、她們想要什麼。她們是活躍分子，她們有那種表情，她們被提升了。

普拉丹增強權力的方法是我們基金會的核心策略。我們協助婦女找到能幫助她們農耕的人，給她們市場通路。我們也幫婦女取得金融服務，讓她們存錢、申請貸款。當婦女把工作所得存入自己的銀行帳戶，她們會賺更多也存更多。丈夫開始比較尊重她們，改變家中的權力結構。

自我在《科學》期刊寫那篇文章以來，這就是我們在加速進行的工作，我們改變了基金會追逐的目標。我們雇用了更多的性別專家，我們收集女性生活的資料以衡量重要的事務。我們也支持更多像普拉丹的組織，採取公開刻意的方法增強女權。我們看到越來越多把女性放在策略的核心所帶來的成果。

派翠西亞的突破

在聖誕節播種的那位農民派翠西亞，隨著成為團體成員的一分子，提升自己的權力，改變她的生活。容我說完她的故事。

派翠西亞加入一個稱作 CARE Pathways 的計畫，那是教導傳統農耕要訣但也教導農民平等的組織。團體要求派翠西亞叫她丈夫來上課，他答應時她有點驚訝又感激。某次上課時，派翠西亞和她丈夫奉命演出他們的居家生活，但是角色互換——妻子扮演丈夫的角色，而丈夫扮演妻子的角色，就像我在無薪工作那章描述的演練。派翠西亞可以指揮她丈夫，像他平常對她那樣：「去做這個，去做這個，去做這個！」丈夫必須聽她命令不能抱怨。

這次演練讓丈夫開了眼界。事後，他說他終於了解自己沒有把她當成夥伴對待。在另一次演練中，他們把家庭預算畫成樹狀圖，樹根代表他們的收入來源，樹枝代表支出。他們一起討論哪條根可以長壯一點，哪根樹枝可以裁剪。他們討論派翠西亞的農地收入時，也談到她的農具，或許那應該排在較高的優先順序。

派翠西亞告訴我，這些演練改變了她的婚姻。丈夫開始聽她的想法，合力幫她提高農地的生產力。上課後不久，機會出現，讓他們所有的決定得到了回報。

CARE Pathways 擔心女性經常栽種的作物沒有夠優質的種子，於是開始跟當地研究站合作，設計一種產量較多又比較能抗病蟲害的花生種子。但他們研發出好種子後，沒有足夠數量供應給當地所有女農民。他們必須先找農民把這些種子養成植株，生產更多這類完美種子，種子數量足夠之後才能賣給其他農民。

這個過程稱作「種子複製」，比普通農耕需要更多照顧與注意。只有最優秀的農民才能獲選為種子複製者——派翠西亞成為其中一員。當我問她要怎麼生產出種子複製者被要求的高品質時，她說：「現在我有丈夫的支持了。」

給予支持的丈夫同意他和派翠西亞應該辦貸款去買改良的種子。派翠西亞在聖誕節播種的就是這個。到我認識她時，她已經有第一次收成了。半英畝地的產量多到她可以供應種子給其他農民，下一季還能自己種滿兩英畝地，是前一年的四倍。收穫得來的不只是家人吃的充足糧食，還有足夠收入付小孩的學費，甚至買想要的鍋具！

列入法律：女人比較低劣

農耕不是唯一被性別偏見阻礙的經濟領域。最近世界銀行的報告書顯示，性別歧視幾乎在全世界都被編入了法律裡。

在俄羅斯，因為公認太費體力或太危險，有四五六種女性不能做的職業；試舉幾例：女性不能當木匠、職業司機或船長。有一〇四個國家法律禁制女性從事某些職業。

在葉門，女人不能未經丈夫允許就出門。有十七個國家法律限制女性何時與如何才能夠出門。

在斯里蘭卡，如果女性在店裡工作，最晚不能超過晚上十點。有二十九個國家限制女性的工作時間。

在赤道幾內亞，女人要丈夫允許才能簽署契約。在查德、尼日和幾內亞比索，女人要丈夫允許才能開銀行帳戶。

在賴比瑞亞，如果女人喪夫，她無權繼承家中資產。依某些鄉下社群的民眾解釋，因為她本身就是丈夫財產的一部分，「財產不能擁有財產」。有三十六個國家法規限制妻子能繼承丈夫的東西。

在突尼西亞，如果家庭有一兒一女，兒子的繼承權是女兒的兩倍。有三十九個國家法律禁止女兒繼承跟兒子同比例的資產。

在匈牙利，管理職位的男性薪資平均比女性高出三分之一——而且不違法。有一一三個國家沒有立法保障男女同工同酬。

在喀麥隆，如果妻子想要賺取額外收入，必須有丈夫的許可；如果他拒絕，她出門就沒有合法的工作權。在十八個國家中，男人可以合法禁止他們的老婆工作。

最後，對婦女的歧視廣泛到不只法律排擠女性，也沒有法律支持女性。在美國，沒有法律保障新手媽媽的有薪產假；全世界有七個國家的女性不保障有薪產假。當然，最理想的狀況是家中任何重大健康狀況都能休有薪假，包括新手爸爸的育兒假，但是沒有有薪產假和有薪育兒假，是一個社會不重視家庭也不聽女性意見的尷尬跡象。

性別偏見在全世界都造成傷害。它是農業生產力低落的原因，是貧窮與疾病之源，也是貶抑女人的社會習俗核心。我們知道它造成的傷害和打敗它帶來的好處——那我們該怎麼對抗呢？

我們該一條接一條法律、一個接一個部門、或一個接一個人去對抗？我會主張「以上皆是」。還有，與其只設法去除不尊重，我們應該找到不尊重的源頭努力阻止它。

對女性的歧視——尋找來源

躺在母親胸口的男嬰不會不尊重女性。他長大後是怎麼養成這個感覺的？

宗教由男性主宰時，就會助長不尊重女性。

其實，我前面提到的某些法律就直接源自宗教經文，所以才這麼難以破除。如果平等的主張被稱作褻瀆，這就不是普通的政治辯論。

但是我看過關於男性宰制宗教之風險的最強論點之一就出自精通宗教的男性。在吉米・卡特的《行動的呼籲：女性、宗教、暴力與權力》（*A Call to Action: Women, Religion, Violence, and Power*）書中，他稱呼對老幼女性的剝奪與虐待是「最嚴重又未處理的全球挑戰」，他把主要譴責放在男性對經文的錯誤解讀。

吸收卡特的訊息時，請記住他是畢生熱心積極的浸信派信徒，從一九八一年就在喬治亞州普雷恩斯的馬拉納沙浸信教會（Maranatha Baptist Church）教主日學，這很重要。他四十多年來在卡特中心拯救人命的突破性工作，證明了他的信仰啟發善行的力量。特別值得一提的是，卡特寫過這段話：

「這個（歧視的）體系是基於男性比女性優越的假設，而且某些男性宗教領袖扭曲聖經、古蘭經和其他神聖文本，去推廣女性在某些基本方面比男性低劣、沒資格平等侍奉神明的說法。許多男性為了享有宰制地位的利益，不同意但保持沉默。這個錯誤前提造成在世俗與宗教生活中，幾乎每個領域的性別歧視被合理化。」

隨著千百年來參加宗教儀式被教導女性「沒資格平等的侍奉神明」，在信徒心目中女性形象遭受的傷害已經不能量化了。

我毫不懷疑的相信男性宰制的宗教中體現出不尊重女性，是壓抑女性的法律與習俗成因之一。這沒什麼好驚訝的。因為對女性的偏見或許是人類最古老的偏見，宗教組織不只是我們最早的機構，它們相對其他機構也改變得比較緩慢又不情願——意思是它們堅持自身的偏見與盲點比較久。

我上的教會對現代避孕用品的禁令只是大議題下的小後果——因為教會禁止女性教士。接納女性教士——還有主教、樞機主教和教宗——的教會絕不可能發布禁用避孕用品的規則。有同理心的話就不會。

清一色未婚男性的神職人員不能指望他們對女性與家庭有同理心，他們如果結婚，或如果他們是女性，或如果他們有養小孩才會有家庭。結果造成男人制定傷害女人的規則，當你制定規則時，把負擔放在「他者」身上總是很誘人。當「他者」不只坐在你旁邊，還真的跟你一起寫規則，社會才比較可能支持平等。

天主教會試圖封鎖關於女教士的討論，並說耶穌在最後的晚餐選擇男人當他的門徒，所以只有男人可以當教士。但我們也可以同樣輕易的說復活的耶穌最先向女人顯靈，叫她去通知男人，所以只有女人可以把福音帶給男人。

有很多種可能的解釋，但是教會說過女教士的禁令是「正確闡述」。姑且不論以愛為崇高使命的組織卻排擠女性進入領導層的諷刺，這也減損制定規則讓男性掌權者的道德性，令人懷疑他們的動機。

他們的說法在過去幾百年或許比較有說服力，但男性宰制已經失去偽裝了，我們看見實況。教會一部分來自上帝，一部分來自凡人——而排擠女性的那部分來自凡人。

現代男性宰制宗教所面臨最重量級的道德疑問之一，就是堅持男性宰制並稱之為神意，他們究竟可以撐多久？

鼓勵女信徒發聲不是我慈善工作中的明確部分，但是男性宰制宗教的聲音是造成傷害的重大成因——而進步派宗教領袖的聲音是向善的力量。我必須推崇那些挑戰男性壟斷並且放大女性聲音、協助塑造信仰的女性。

但是女性無法靠自己的力量辦到。每次能引進外來者的成就，總是因為有來自在內部進行改革的內部鼓吹者幫助。女性需要男性盟友，她們知道這一點，男性擁有不平等影響力的每個宗教也懂，女性正在提出令男性不安的問題。願意站在女性這邊的男性是誰？服從他們知道不對的規則而保持沉默的男性又是誰？

跟我談過的天主教教士中，支持任用女性的人數，加上那些絕對反對女性教士的教會機構，在某些案例中，我認為在道德上機構還不如個別成員的總和。

以農業性別問題開始的章節竟以宗教討論結束，可能讓你覺得有點怪，但我們有義務追溯反對增強女權的源頭。全世界想要重塑信仰的女性，跟男性壟斷掌握的經文解釋權搏鬥的人，正在為了現代世界的社會正義與經濟機會做最英勇的工作。他們正在開拓新的疆界。這些女性和她們的男性盟友，尤其從古老機構內部進行改革的男性，都值得我們感激和尊敬。

第八章 創造新文化：職場上的女性

我有許多工作聚焦在協助女性和家庭脫離貧窮，因為那是我自認可以造成最大影響的地方。我也希望所有女人能夠發揮我們的天賦，貢獻我們的才能，並且成功。無論我們的教育程度、特權或成就，在家庭或職場上性別平等能造福所有女性。

職場女性是個大議題，大家說過、寫過的東西多到不可能全部知悉，大多數人能親身了解這些議題是因為我們都經歷過。在此我要分享我熟悉的職場與產業經驗，吸取一些廣泛應用的教訓，希望勾勒出婦女不必犧牲；自己個性或私人目標就能讓我們成功的未來職場綱領。我會特別強調我在微軟的時期，因為我要告訴你的故事形成我對職場的許多觀點——也因為科技業對塑造未來擁有不成比例的權力。

對我職涯最有影響力的人物之一，是我只見過一次的女士。在杜克大學最後一年的春假期間，我飛回達拉斯老家去拜訪ＩＢＭ，我大學到研究所期間有幾個暑假在那邊打過工。我約好一位如果我接受ＩＢＭ全職工作就會是我上司的女士，當時我確有此意。

她親切的迎接我，叫我到她辦公室裡坐，客氣聊了幾分鐘之後，問我是否準備好接受她的雇用了。我比意料中再緊張一些，說：「其實，我還有一個地方打算去面試，是西雅圖的小軟體公司。」她問我可否告訴她是哪一家，我回答「微軟」。接著我告訴她但我仍然打算接受ＩＢＭ的工作，她卻打斷我說：「如果妳獲得微軟的職缺，妳應該去。」

我很震驚。對方一輩子都待在ＩＢＭ，所以理由我非問不可：「為什麼這麼說？」她回答：「在那邊進步的機會無可限量。ＩＢＭ是家好公司，但微軟會瘋狂成長。如果妳具備我認為有的天賦，身為女人妳在那邊的晉升機會一定很快。如果我是妳，他們要雇用我，我會接受。」

這是我的關鍵時刻，也是我熱心鼓吹女性加入科技業的原因之一——我希望傳承我的精神導師和模範角色對我的慷慨。

我飛到西雅圖面試時，心中仍然相當確定我會回去ＩＢＭ上班。然後，我見到微軟的一些人。其中一個比較印象深刻的人拿著鼓棒迎接我，他整個面試過程都在打鼓——

敲他的桌子，敲牆壁，整個辦公室亂敲。他不只在女性面前這樣，他平常就是這樣。我必須拉大嗓門講話，但是他有在聽，其實我覺得挺好笑的，又古怪。如果你很擅長自己的工作，古怪一點也無妨，而我遇到的每個人似乎都很厲害。

我喜歡那個地方的脈動和電流。每個人都對他們做的事很熱情，他們談起自己的計畫時，我有預感我看到了未來。我在大學寫過很多程式，我很喜歡，但眼前對我是高得多的層次，我好像踢少年足球的小女孩見到美國女子世界盃代表隊。我喜歡聽他們談民眾如何使用他們的產品，他們希望下一步做什麼，他們如何改變世界。

那天結束後，我打電話給父母說：「我的天啊，如果這家公司錄取我，我非去不可。我絕不能拒絕掉。」

然後，我跟加州的朋友參加春假活動，我父母也去圖書館調查微軟這家公司。我爸媽原本很高興我可能回達拉斯老家上班，但他們總是說希望我追求冒險與機會，那曾是他們選的路。我想在此花點時間介紹他們，他們如何認識，我如何從他們身上學到追逐我的夢想。

我父母都在紐奧良長大。我祖父擁有一家機械工廠，在一九四〇年代專門為軍方製作機器零件。工廠利潤是全家唯一的收入，我祖父毫無閒錢送我爸上大學。不過幸好，我爸就讀基督教修士會經營的天主教學校，那邊有個修士成為他的導師，一直跟他說：「你一定要上大學。」修士的話在我爸家很有分量，所以我爸高中畢業那年秋天，祖父母讓我爸帶著送報打工所得和一罐花生醬，搭上前往亞特蘭大的喬治亞理工學院的火車。

進大學之後，我爸一面在亞特蘭大讀書，一面在達拉斯工作，在某家航太公司找到了職缺。他就這樣賺到了自己的大學學費，後來他也因此進入參與阿波羅計畫的LTV航太公司。

我爸在喬治亞理工讀書的第一年回紐奧良家過聖誕時，有兩位道明會修女認為他在假期需要約會——高中時期給我爸工作的精神導師瑪麗·麥德蓮·洛品托修女，還有我媽的阿姨瑪麗·安·麥史維尼修女（她在我人生中很重要。我成長過程都叫她姨婆。她教我識字，我記得小時候試穿過一次她的修女服！）。兩位修女是好朋友，她們很關心我爸最近遇到的兩個女朋友都拋棄他跑去當修女，我姨婆瑪麗安修女告訴麥德蓮，我媽高三時當過一陣子儲備修女的事。她們判斷她很適合我爸。

瑪麗·麥德蓮修女打電話給我爸說：「你已經沒女朋友了，你讓她們都去當修女，所以我們派你去南吉諾街這棟房子，你會碰到一個叫伊蓮的女孩，她已經從修女院出來了，所以你不會像失去別人一樣失去她。」

於是我爸去了南吉諾街，認識我媽。

我媽說：「（修女）她們打電話給我，問我是否願意跟一個素昧平生的男生出去約會，我心想，**呃，如果修女建議我跟他交往，他應該不會太糟糕。**」

幾天之後，他們去總統號上約會，那是一艘在密西西比河往返航行的大型多甲板船。過程想必很順利。我爸讀大學期間他們交往了五年，然後我爸拿到獎學金去史丹福讀機械工程研究所，他們結婚再開車到加州，沒上大學的我媽用她在門羅公園市某公司當職員的收入支撐兩人的生活。他們搬回達拉斯之後，我媽懷了我大姊蘇珊，家中的長女，我爸很快的也找到了阿波羅計畫的工作，航太總署急著要把人送上月球。我媽記得他幾乎每天二十四小時工作，沒有假日。有些時候他連續上班三天才回家一次，只在辦公室的沙發上短暫補眠。

所以家裡的事全交給我媽。她全職管家，還養四個小孩。當我父母創立住宅不動產投資公司以便負擔小孩能上任何大學的費用時，我媽白天管理那家公司，我爸則在晚上和週末才大幅參與。毫無疑問，我媽管理公司時每天的待辦事項清單簡直是奇談，我不清楚她是怎麼應付過來的。（但現在回想起來，我注意到我媽為了養四個小孩和管理家庭所做的一切事情，在夫婦一起經營不動產公司期間，他們的婚姻比較能算是平等關係。）

我爸媽從自己的人生中懂得機會的吸引力，微軟人事部打到家裡通知我媽之後，他們在圖書館做了一些研究，準備好支援我遷居西雅圖。身高才五呎左右的老媽用不太恰當的迷人南方口音說：「喔，拜託能不能先告訴我你們會不會錄用梅琳達？」微軟的人事職員說：「呃，我真的不能說。」於是她使出魅力再問一次，他終於讓步說出：「呃，其實，我們是會錄用她啦。」於是老媽在便條紙上記下細節（她有保留著，還在我手上），然後打給人在加州的我。她一轉達訊息給我，我就打給微軟表示接受。

我高興極了！

過了幾個月，我飛去西雅圖跟新東家面談。我是微軟的第一批ＭＢＡ，公司決定叫包含我的十個人來公司看看，想清楚我們一開始該加入哪個事業群。我們第一場會議在董事會（他們最大的會議室）舉行——當年公司很小，大約只有現在的1％規模。我環顧全場，只看到男性。那沒什麼好奇怪的，在大學主修電腦科學讓我習慣了跟大批男性相處。但接著軟體行銷副總裁進來講話，他做簡報時，坐在我旁邊跟我一樣年輕、剛從史丹福商學院畢業的人跟副總裁激辯起來。那不只是積極對話，而是全面的撕破臉，差點打起來，我心想，**哇，你在公司要這樣才能混得好嗎？！**

我花了幾年才找到答案。

開始工作後，我立刻發現我在ＩＢＭ的導師說對了。我在微軟擁有的機會不可能在其他地方會有。上班三週之後，我剛滿二十二歲，已經飛到紐約去參加由我主持的會議了。我從未去過紐約，連計程車都沒攔過！

但在微軟，我們每個人都這樣。事後我們拿來說笑，其實當時覺得很可怕。有個朋友告訴我，他的經理走進來說：「我需要你搞懂高等教育。」他問：「搞懂高等教育是什麼意思？」經理說：「你問我什麼意思是什麼意思？」那可不是適合需要很多指導的人能待的地方。我們不靠地圖爬山，也不靠說明書建造一座山，我們對可以幫助人們使用軟體都興奮到瘋狂。

我們的顧客跟我們一樣興奮，所以機會接二連三到來。我剛開始是微軟 Word 的產品經理，然後成為一系列產品的群體產品經理，然後是另一套較大產品的行銷經理（對了，「產品」是公司內部對軟體程式的稱呼。），接著是事業群行銷經理。後來我希望專注在產品，不只是行銷，所以成為微軟 Publisher 的產品組經理。那涉及管理、測試，研發的團隊和為了創作產品所做的全部事情。你知道嗎——當你那麼年輕卻擁有那麼多機會，就有可能犯錯，我可是出了不少差錯！

我當過微軟 Ｂｏｂ 的群體產品組經理（你不記得微軟 Ｂｏｂ？！），我們希望它能讓 Windows 系統對用戶更友善，但那是個大失敗，科技評論家一面倒的痛批。我們已經宣布產品，在初次公開展示之前就知道我們面臨逆勢，所以那次活動我上台穿的Ｔ恤正面印著微軟 Ｂｏｂ，背面印了鮮紅色靶心。他們命中目標，我被打慘了，但是當你站出來代表一個失敗的計畫，學到的東西是無價的（公司裡有個笑話說，你遭遇第一次重大失敗後才會被升職。不盡然，但在艱困時期是有用的安慰）。

謝天謝地，我其餘的失敗經驗大多數不像這次這麼公開或痛苦，但是這些失敗都有用處。在某次失策中，我犯錯花了些我不准花的費用。真糟糕！那不是坐在前排、成績好的天主教乖女孩該做的事——尤其她在這間由男性宰制的公司還是菜鳥。不只我的經理，連他的上司都跳下來釘我。我努力解釋我有問過行政人員相關程序，沒人在乎，也沒時間查。

事後不久，我跟同一位經理參加會議，他向我發問我們的新產品該怎麼定價，我不知道特定數字——我們所販賣商品的成本，那是產品經理該詳細掌握的關鍵數字。我不只不知道那個數字，那不是大問題，大問題出在我也不夠了解我的顧客，不知道他們會願意付多少錢。從那次之後我學乖了，我必須知道關鍵數字——最好也要知道是怎麼算出來的，為什麼很重要。

從那次會議之後，我心想，**哇，我可能撐不下去。那位是我負責領域的最高經理，我是極少數女性之一，我把費用報告搞砸了，而且犯了大錯。**

我記得我問過幾個人：「我還能贏回他的信任嗎？」雖然花了一些時間，但我重建我跟他的關係，結果比起我如果適當安排費用又知道他要求的數字還要好。沒什麼比犯錯更能磨練我的專注力了。

這些經驗與機會讓我了解那位ＩＢＭ經理為什麼鼓勵我接受這個職位。這份工作令人振奮又有挑戰性，我學到很多，但是總覺得有哪裡不對勁。到職一年半之後，我開始考慮辭職。

不是因為工作內容或機會的緣故；那方面很好。是文化問題，很直接、很激烈又很競爭，大家對他們每個論點和辯論的每項資料都堅持到底，好像無論會議多不正式，都是跟比爾檢討策略的彩排。你要是不強勢主張，若不是你不清楚數字、你不夠聰明就是你不夠熱情。你必須證明你很強，就是這種作風。我們不互相感謝，我們也不互相誇獎。事情做完，我們更不花太多時間慶祝。即使有哪位優秀經理離開公司，也只是發個email說他要走了。沒有歡送會，沒有集體道別，真詭異，就只是我們快速過完一天的一個插曲。這就是在公司成功必須的標準——感覺瀰漫著這種氣息。我做得到，也真的做了，但是很累人，我逐漸厭倦了大亂鬥。

我心想，**或許我該去麥肯錫公司工作**。麥肯錫是以狂操員工聞名的頂尖管理顧問公司——但比起我當時的體驗還算好。我接受微軟的工作之前跟他們面試過，他們打了幾通電話給我詢問近況，問我喜不喜歡現在的公司，所以我有好幾個月幻想這條退路，但無法辭職，因為我真心喜愛我在微軟做的事情。我喜歡建造產品，我喜歡領先潮流，我喜歡比用戶先知道他們需要什麼——因為我們看得出科技趨勢，也能夠達成。

老實說我喜歡微軟的使命和願景，所以我告訴自己，「或許，在我離開這個好地方之前，我該看看我能否找到辦法做符合企業文化的事——挺身堅持主張，了解事實，進行積極的辯論——但用我自己的風格去做。」打從一開始，我沒有做自己，一直用我認知公司裡表現好的男人風格行動，所以我頓悟了一個問題：我能留在公司裡做我自己嗎？仍然剽悍堅強，但也說真心話並且接受我的本質——承認我的錯誤和弱點而且不假裝完美無懼，最重要的是找到想跟這樣的我工作的人？我告訴自己，「妳不是公司裡唯一的女人，妳不能當唯一為了融入環境而表現虛偽個性的人。」於是我尋找對企業文化跟我有同樣困擾的男女。

諷刺的是，許久之後我才領悟，因為努力融入，我強化了讓我感覺我不融入的文化。

創造我們自己的文化

一開始我比較刻意連絡公司裡其他女性，為我在公司想要的作風尋求支持。我最倚重的朋友是夏洛特．蓋曼（Charlotte Guyman），大約在我進入微軟八週時認識她。那天我記得很清楚，因為那天也是我認識未來公公的日子。我們都在舊金山的美國律師協會大會，微軟設了個企業攤位，夏洛特和我都預定在那裡工作，展示微軟 Word 軟體。

她和我在不同的事業群，但我們都奉命研究微軟 Word 如何打入法律界市場，我們的競爭對手 Word Perfect 在法律界有95%的市占率。夏洛特在一個叫做管道行銷（channel marketing）的新事業群，她要努力行銷我們所有產品給一群特定顧客，當時的案例就是法律社群；另一方面，我是設法行銷微軟 Word 給任何市場的 Word 產品經理，所以夏洛特和我從兩個不同方向邁向相同的目標。對某些人而言，這可能演變成競爭，但對夏洛特完全不是這麼回事。我們一發現我們有共同任務，就開誠布公：我會做這個，妳來做那個，然後我們一起做第三件事。效果很好，因為我們都想要同樣的結果，我們不在乎是誰的功勞——我們只希望微軟贏。

我先抵達我們熱鬧滾滾的攤位，因為我喜歡做 Word 展示。接著夏洛特出現，我們都很賣力、很興奮。我聽說過好朋友從來不是「遇到」，而是「認出來」的，夏洛特就是這樣，我們一見如故。我們展示得很開心，觀察彼此的風格，學到很多。當天稍晚我們發現比爾的爸爸也在場，他六呎七吋高，不難認出來。他直接走到我面前，我為他示範產品。

我很欣賞他那麼平易近人又容易聊天，讓身邊的每個人都很愉快。（比爾和我那時還沒開始交往，所以我不知道我們認識的重要性！）

大致上，那天我很開心，跟夏洛特在一起總是很開心。回想起來，我發現我努力在公司裡自在一點的重心，就是設法用我跟夏洛特配合的方式跟每個人合作，打開雙臂與心胸。

（夏洛特不只希望像我這樣工作；她還有個批評文化的驚人方式。她說過：「女人不能在工作時哭泣，但男人工作時卻可以**吼叫**。哪一種是比較成熟的情緒反應呢？」）

當我開始了解如何在微軟文化中做自己，我找到一群希望像我這樣工作的女人，還有一些想法近似的男士，迄今我最重要的男性友人是約翰．尼爾遜。前面我提過他，他是我畢生好友之一，但不到四十歲就過世了。一九九三年他和艾美陪著比爾和我第一次去非洲，就像我們對許多事情的看法，約翰和我對那趟旅行的反應一樣。我們都是很社會化的人，我們都可能被同事形容為「敏感」，我們藉著努力融入微軟文化並且把同理心帶入工作建立交情。約翰對我是一大支持，我希望我對他也是。幾年後，當我初次聽說「男性盟友」一詞形容熱心鼓吹女權的男性，我心想，**就是約翰啊**。

串聯其他女性並創造我們自己的文化，成果遠遠超出我的夢想。夏洛特仍是我畢生密友之一。約翰和艾美・尼爾遜是比爾和我的好友。然後夏洛特介紹我認識剛從華府搬來西雅圖的吉莉安，她在二〇〇三年創立了復原咖啡。吉莉安對社區與精神生活非常熱情，她奉行的信念是接納被排擠者，比我認識的任何人更能把信念帶入生活中。她一來就鼓勵我們四個人進行一直很想做的對話。「ＯＫ，當妳在物質層面已擁有超過需要的程度，接下來怎麼辦？我們要往哪裡走？我們的才能如何與世人的需要連結？我們如何用我們的人生建設更廣義的人類大家庭？」

夏洛特、艾美、吉莉安和我開始每週一早上送小孩上學之後一起慢跑，然後我們決定引進一些朋友，全是女性，組成有心靈焦點的較大團體。我們共有九個人，每個月第二個星期三固定聚會，至今持續將近二十年，讀書、旅行、靜修、探索把信仰付諸行動的方式。每週一我們四人仍在持續慢跑，不過最近我們散步多過慢跑，也儘量不去深究其中含意！

我交的每個朋友都有助於我改變職場文化，但如果說我在微軟做自己有個突破性時刻，那就是派蒂・史東席佛成為我上司、導師兼模範角色的時候。（我先前提過，派蒂深受比爾和我信賴與尊敬，她要離開微軟時，我們問她願不願意擔任我們基金會的首任執行長，結果她擔任十年成果斐然。）

派蒂在微軟很早就被視為明星，她有自己的風格，大家都樂意為她工作。她的事業群讓人來了就不想走，因為他們感覺備受支持。我們可以誠實面對自己的優缺點，和培養新穎又困難的商業類型的挑戰。沒人知道答案，如果我們假裝知道，就不會有任何進步。我們必須願意多嘗試，放棄行不通的路，嘗試新東西。我們開始培養微軟文化一直存在的分支，但我們加以強調，那就是說出「我錯了」的能力。能夠承認弱點與錯誤而不必擔心會被利用來對付你，是很美妙的。

為派蒂工作時，我開始培養真正的自我風格，我不再為了融入壓抑自我。那時我完全了解我可以做自己又有工作成效。我越嘗試，效果越好，我很震驚。我逐漸升遷，到最後掌管一千七百人（我加入時全公司有一千四百人，一九九六年我離開時約有兩萬人），我手下有來自各部門幹了很多年的軟體研發員，大家會問：「妳是怎麼讓那些明星來為妳工作的？」我想是因為他們想要像我那樣工作。

我能有膽量嘗試，是因為我在派蒂身上看到有用，那就是模範角色的力量。她鼓勵我忠於自己的風格，即使她不知道她對我有影響。沒有派蒂，我絕對無法完成我給自己設定的目標——當時不行，之後也不行。

在我轉型過程中，可能因為命運捉弄，我和當初新人訓練時那個跟副總裁大吵一架的史丹福新人變成了朋友。某天晚上我們跟一群朋友吃晚餐時，我問他：「你記不記得MBA新人訓練的時候，你跟副總裁大吵一架？我不敢相信你會那樣做。現在我認識你了，感覺實在不像你。」

他尷尬到了極點，面紅耳赤的說：「沒想到妳還記得。老實說，我在商學院有個組織行為學教授在受訓前一週說我不夠強硬，應該大膽一點。所以我就試了。」

那對我是個教訓。男人也會在職場面臨文化障礙讓他們無法做自己，所以女人工作時隨時可以做自己，其實我們是在為男女雙方改善文化。

我在微軟就是這樣逆轉情勢——做自己而且在同儕、導師和模範角色協助下找到自己的聲音。做自己聽起來像是在侵略性文化中如何成功的討好式糖衣處方，但是沒有聽起來那麼甜，它意味著不為了融入而表現出錯誤的方式。要以自己的風格表現出你的天賦、價值觀和意見，捍衛你的權利，絕不犧牲你的自尊。這就是權力。

小心，她比你想像的強悍

如果要我總結三十多年前在微軟起步所學到的教訓，那就是我追隨一個支持我努力在獎勵成果的文化中以自己風格工作的女性，所以我才能夠升遷並且表現良好。如果我嘗試單打獨鬥，沒有鼓勵我的同事和支持我的上司，我會失敗。一個世代之前我在微軟得到的支持是現在所有女性都該擁有的，但即使現在，有些女性的待遇仍然相反。我要告訴讀者其中一人的故事。

在此之前，我要坦承一件私人的事。撰寫自傳和講述別人經歷的困難之一，就是讀者可能以為我在暗示我和他們的經歷有些同等性。我想避免這個風險的最佳方式就是直接明講，我在本書中強調的人所遭遇的挑戰比我遇到的艱困多了，所以他們才被寫進書裡，他們是我的英雄。我肯定不會把我在微軟文化中努力向上跟其他女人努力生存熬過她們職場的考驗畫上等號。對職場上許多女性而言，「做自己」比我在微軟面對的挑戰困難多了。

以下來自跟我的境遇大不相同的科技界故事。

二〇一六年蘇珊・福勒（Susan Fowler）在Uber開始新工作時，經理發了一連串訊息給她，想要說服她跟他上床。她一看到訊息，心想這傢伙的麻煩可大了。她拿著對話截圖向人力資源部告發他，卻發現有麻煩的是她。人力資源部和高階經理告訴她那個人是「高績效者」，這次是他初犯（謊話），蘇珊有個選擇：她可以調到新團隊，或留下來等著被她告發的人做出惡劣考績評分。

蘇珊在亞利桑那州的鄉下社區長大，父親是推銷電話預付卡的週末牧師，母親是全職主婦，家裡有七個小孩。她在家自學，十六歲就打電話給一些大學院校詢問要怎樣才能入學。她當保姆和馬廄助手時，發現了怎麼參加ACT和SAT考試，而向州政府提出她讀過的書籍清單。他們給了她全額獎學金。

最後蘇珊轉學到賓州大學主修哲學，也選了些科學課——但校方不希望她選物理課，因為她的數學只有小學六年級程度。她寫信詢問校長：「您在演講中不是說賓大要幫我們實現夢想嗎？」蘇珊贏得校長支持，開始自學錯過的數學，然後選修大學物理課程。

Uber雇用的就是這樣一個女人。她跟過的某些上司以為可以虐待她、騙她、壓抑她自我主張的努力，但是他們錯了。如同她後來告訴《紐約時報》的莫琳・杜德（Maureen

Dowd），蘇珊的態度一直是「不行，你不能那麼做」。

蘇珊轉調另一個部門，在 Uber 找了個她喜歡的新角色，開始得到完美的績效評分。但後來，因為她的新經理只想在團隊裡保留一些象徵性的女員工，他開始添加隱藏的負面績效評價讓蘇珊無法升遷離開他的部門。她詢問關於負面評價的事，沒人能夠解釋，那些評價不只害她無法得到她想要的職位，也影響她的獎金和薪資，讓她無法申請 Uber 的贊助參加她喜歡的一項史丹福研究所計畫。

蘇珊每當遭遇性別歧視的事就開始向人力資源部投訴。最後，她的經理因為向人資告狀的事威脅要開除她，蘇珊跟其他女性承受無端羞辱，像是公司訂購皮外套給所有男員工但是女員工沒有，他們說，因為 Uber 女員工太少，所以公司無法拿到量販折扣。同時，女人逐漸被調離，蘇珊部門的女性比例從25％掉到6％。她詢問女性員工數量遽減有什麼對策，公司只說 Uber 的女員工必須「加把勁成為更好的工程師」。

在最後幾次跟人資開會時，對方甚至問蘇珊有沒有想過或許問題出在她身上。

蘇珊決定離開 Uber 後，一週內就找到新工作。但她離職後仍然必須做個決定。她應該算了，還是大聲說出來？她知道把性騷擾指控公諸於世可能給人造成一輩子的印象，她很擔心，但她也知道Uber的許多女員工有類似經歷，如果她說出來，也是替她們說話。

蘇珊的態度傾向告訴大家「不行，你不能那麼做」。她寫了一篇三千字的部落格貼文談她被虐待的那段日子，發文當天馬上暴紅。隔天，Uber雇用前司法部長艾瑞克．霍德（Eric Holder）進行調查，霍德交出報告書之後，Uber執行長被迫辭職，另有二十個人被革職。不久科技業的其他女性也站出來，更多人被開除，新政策出現。有個媒體標題說，蘇珊．福勒的Uber貼文是對矽谷性別歧視發動新戰爭的第一槍。

幾個月後，哈維．溫斯坦（Harvey Weinstein，好萊塢大牌製片人）的醜聞爆發，戰爭蔓延到科技與其他幾個產業之外，全美女性分享性騷擾和歧視的經歷並加上標註#MeToo。我們採用社運人士塔拉娜．柏克（Tarana Burke）在二〇〇六年用來建立一個性侵受害者社群的詞彙「Me Too」，讓它流行起來。短短二十四小時，光在臉書就有一千兩百萬則貼文。

到了二〇一七年底，蘇珊跟其他#MeToo運動的知名女性登上了時代雜誌的年度風雲人物特集封面。該刊物稱呼她們是「敢言者」。

這些出面揭發的女性應該被記念，數量也應該增加，但我們也必須支持藍領和服務業的、無法使用社交媒體的、施虐者不夠出名的、記者認為故事不夠有趣的、勉強餬口的女性。她們反擊的選項是什麼？我們可以怎麼幫她們？每個能夠說出來的女性都是一場勝利——但我們必須找出方法，讓每場勝利對仍然無法發聲的女性也有用。

怎麼回事？

#MeToo 運動和每個對它有貢獻或因此崛起的女性與組織，都在為兩性贏得共同重要的勝利，但這只是開始。如果我們想推廣和延續這些進步，必須了解事情是怎麼發生的。

怎麼回事？改變為何要花這麼久的時間，卻又來得這麼突然？當女性在其他女性的經歷中聽到我們自己的聲音，我們增強勇氣，單一聲音可能變成合唱。只有男女各說各話的時候，女性贏不了。但若是「他說／她說／她說／她說／她說／她說」，就有機會公開透明，陽光可能照進侵害氾濫的地方。

二〇一七年，侵犯者一直說謊，但維護他們的人放棄了，他們無法繼續掩蓋真相，水壩崩潰。當女性發現比較多人站在指控者這邊而非侵犯者那邊，許多一直憋在心裡的經歷全倒出來了，侵犯者非滾不可。

當遲來的改變終於發生，會來得很快。但侵犯者為何能掌控這麼久？部分答案在於當女性判斷我們是否該出面，我們不曉得別人會不會站在我們這邊。這經常讓許多女性必須聯手啟發其他女性站出來。

我認識比爾之前，有過一段不健康的交往。男方在某些方面鼓勵我，但在其他方面壓抑我——他絕不想要我超越他，他不把我當成有自己夢想、希望和才能的女人，他把我當成能在他生命中扮演有用角色的人，所以他希望我成為某些樣子，如果我不是，他可能變得很虐人。我確信那是我現在看到女性被壓抑或維持在特定角色會這麼生氣的理由之一。我在她們身上看到了自己。

我剛開始跟他交往時還很年輕，在那個人生階段不可能做我自己或找到我的聲音。我很困惑，我感覺很糟，但不懂為什麼。雖然也有足夠的支持時刻讓我想要忽視虐待及必須逃脫的感覺，但回想起來，顯然我失去了很多聲音和自信，我花了很多年才了解我的損失並且找回來。

即使事過境遷，我還是不太懂發生了什麼事，直到我逐漸有了幾次健康的戀情。但其實我結束那段感情多年後仍未完全理解那段虐待式關係的病態威力，有次我去一場基督教女青年會（YWCA）尋求女性與家庭庇護的募款活動，有個穿藍色俐落套裝的女士站在講台上述說她的經歷，那是我第一次大澈大悟告訴自己：「天啊，那就是我的遭遇。」

我相信那位受虐女士可能曾經沉默，但我們從未停止尋找我們的話語可以造成影響的時刻。二〇一七年，我們找到了我們的時刻，但除了指認侵犯者，我們必須做更多的事：我們必須治療支持侵犯者的不健康文化。

對我而言，虐待式文化就是想要區分與排擠某個群體的任何文化，這種文化總是缺乏建設性，因為組織的能量從提升眾人被轉移到壓抑眾人。它就像自體免疫系統疾病，身體把自己的器官視為威脅開始攻擊它們。虐待式文化最常見跡象之一，就是把女人置於男人之下的錯誤階級，其實有時候更糟糕——女人不只階級低於男人，還被物化。

在全世界的職場中，女人被迫感覺我們不夠好或不夠聰明。女人的薪酬比男人少，有色人種的女性更少，我們加薪與升遷比男人慢，我們缺乏男人爭取職位的訓練、指導和贊助。我們也比男人更常被互相孤立——所以女人可能需要很長一段時間才發現我們感覺無法融入不是我們的錯，而是文化現實。

虐待式文化的另一個跡象就是認為被排擠群體的成員「不夠資格」。換句話說，「如果我們沒有太多女工程師，那是因為女人不適合當工程師。」我難以想像這句話邏輯有多麼脆弱，而且竟然很多人相信。機會要平等，你才能知道能力是否平等，而給女人的機會從來不曾平等。

當人們看到培養不良的影響還稱之為天性，就不會鼓勵訓練女性從事關鍵職位，強化了不均衡是因為生物性差異的看法。這種生物學主張的陰險在於，它會破壞女性的發展，讓男性擺脫自我檢視動機和行為的責任。性別偏見就是這樣「植入證據」導致某些人看到他們自身偏見的影響，卻稱之為生物學，因而延續女性不想加入的文化。

當男性制定規則

讓我很洩氣的是，現代女性在許多領域仍面對敵意的文化，我尤其不滿這些問題讓女性難以進入科技業。這些都是很刺激的工作啊！很有趣，能創新，薪水又高。它們對未來的影響越來越大，每年還有更多職缺出現，但是不僅如此，科技是世界上最強大的產業，正在創造我們往後生活的方式。如果女性不參與科技業，就不會有權力。

電腦科系畢業的女生比例從我大學時代以來遽降。一九八七年，我從杜克大學畢業時，全美國35％電腦畢業生是女性，現在是19％。減少的原因可能有很多，其一是個人電腦進入美國家庭的時候，經常被行銷為男性的遊戲裝置，所以男性比較常使用，讓男性比女性多接觸電腦。電腦遊戲產業興起時，許多開發人員開始創作有自動槍械和炸藥的暴力戰爭遊戲，讓許多女性不想玩，製造出男性為男性創作遊戲的封閉圈子。

另一個可能原因是，早年觀點認為理想的電腦程式員最好沒有社交技能或外界興趣。這個觀點普遍到有些雇主甚至在聘雇過程中找出顯現「對旁人沒興趣」又不喜歡「涉及親密人際互動之活動」的人選。這就刷掉了很多女性。

最後——這顯示出在我們文化中考慮誰適合某項任務時的性別偏見——當軟體工程被視為比較事務性質又比硬體方面容易得多，主管階級會雇用與訓練女性來做。但是當程式設計逐漸被理解為非事務性又比較複雜時，主管們開始找男性訓練成程式工程師，不再繼續雇用與訓練女性。

隨著這個部門的男性數量增加，越來越少女性進入科技業，又讓科技業中的女性處境更艱難，於是**更少**女性進入科技業，男性開始宰制這個領域。幸好，也有些鼓舞人心的轉變。讓電腦科學成為男性俱樂部的力量在軟化，產業裡的人也在努力扭轉性別偏見。這些改變可能已開始往正確方向改變趨勢。

另一個挑戰是創投業的女性比例太低，甚至低過電腦產業的女性。創投業是剛創業無法申請銀行貸款的企業家的重要資金來源，投資人給這些企業成長所需的資本以交換部分股權。這可能就是成功與失敗的差別。

創投業合夥人僅2%是女性，僅2%的創投資金會投入女性創立的企業。（創投資本投入黑人女性創立之公司的比例更僅有0.2%。）沒有人會認為這在經濟上是合理的。女人會想出一堆男人絕對想不到的好生意點子，但很不幸，「誰會有最令人興奮的商業點子？」不是影響決策的問題。

當你資助新創公司，因為初階段投資中什麼才有用的資料極少，金主會把錢給他們認識的人——上過同一間學校、參加過同一場會議的人，那是包含年輕人的老人俱樂部。二〇一八年，美國黑人創投家理查·柯比（Richard Kerby）普查了一千五百個創投業者，發現40％上過史丹福或哈佛大學。如果有這麼密集來自同一群體、同一部門、幾間學校的人，資助自己同儕網絡的衝動會驅使你投向一批同質性的公司。當你想要資助網絡外面的人，公司和金主可能都覺得不太「適合」。

所以我才會投資創投基金，包括資助女性領導的公司和有色人種創立公司的Aspect Ventures。在這方面我不是要做慈善，我期待良好報酬，也有信心得到，因為女人會看見男人看不到的市場，黑人、拉丁裔和亞裔女性會看見白人企業家看不到的市場。我想我們十年後回顧起來，會發現沒有更多投資流向女性和有色人種了解的市場真是太可惜了。

性別和種族多元性對於健康的社會很重要。當一個群體把其他群體邊緣化，並且擅自決定要優先追求什麼事情，決策會反映出它的價值觀、心態和盲點。

這是老問題了。幾年前我讀過尤瓦·諾亞·哈拉瑞（Yuval Noah Harari）的《人類大歷史》（*Sapiens*），這本書涵蓋人類的歷史，包括認知、農業和科學上的革命。我特別記得哈拉瑞對漢摩拉比法典的描述，大約西元前一七七六年這套法律被刻在黏土板上，影響了後世成千上百年的法律思維。

哈拉瑞寫道，「根據法典，人類分成兩個性別和三個階級：上等人、平民和奴隸。每個性別和階級成員有不同的價值。女性平民的性命值三十個銀幣，女性奴隸則是二十個銀幣，不過男性平民的一隻眼睛就值六十個銀幣。」

男性平民的一隻眼睛價值是女性平民生命的兩倍。法典針對上等人對奴隸犯罪只略施薄懲，奴隸對上等人犯罪則是重罰。已婚男性可以有婚外性行為，但已婚女性不可以。

有沒有人懷疑法典是誰寫的？就是「上等人」。法典推廣他們的觀點，反映他們的利益，犧牲掉他們認為低下者的福祉。如果各國社會要提升女性跟男性平等，宣稱任何種族、宗教的人都和別人有相同權利，那我們就必須讓男人、女人和每個種族與宗教團體一起來寫法典。

這是我對於多元性的終極主張：多元性是捍衛平等的最佳方法，如果來自多元群體的人沒有參與決定，社會的負擔與利益就不會公正平等的分配——任何社會撰寫規則的人都確保他們自己享有較多利益，分攤較少負擔。如果你沒被拉進去，就會被出賣，你的命就只值二十個銀幣。沒有任何群體能委託別人保護他們的利益，所有人都應該為自己發聲。

因此我們做出形塑文化的決定必須納入每個人，因為即使最優秀的人也會被自己的利益蒙蔽。如果你在乎平等，就必須擁抱多元性——尤其現在，因為科技業的人正在寫我們的電腦程式，設計人工智慧，我們正在ＡＩ的嬰兒階段，我們不知道它會被使用在哪些用途——健康用途、戰場用途、執法用途、企業用途——但影響會很深遠，我們必須確保它公平。如果我們希望社會反映出同理心、團結與多樣性的價值觀，**誰來寫法典就很重要**。

喬伊・珀薇妮（Joy Buolamwini）是個自稱「程式詩人」的黑人電腦科學家。喬伊的研究揭露科技中的種族與性別偏見，受到媒體報導之後，我才聽說她的故事。幾年前她大學時期在喬治亞理工學院製作社交機器人，在玩躲貓貓遊戲過程中，她發現機器人在特定光線中無法辨認她的臉。她借用室友的臉完成那個計畫之後就忘了這回事，直到她去香港拜訪一家製作社交機器人的新創公司，那裡的機器人除了她以外認得每個人的臉，而她是唯一的黑人——她想通了，機器人使用的是跟她在喬治亞理工學院時一樣的臉部辨識軟體。

「運算法偏見，」喬伊說：「可能以很大的規模在散播偏見。」

喬伊成為麻省理工學院媒體實驗室研究員之後，她測試了ＩＢＭ、微軟和中國公司曠視（Megvii）的臉部辨識軟體，發現辨識淡膚色男性的錯誤率不到1%，而辨識深膚色女性的錯誤率高達35%。喬伊跟各企業分享她的結果。微軟和IBM說他們已經在設法改良他們的臉部分析軟體，曠視則沒有回應。

你只要停下來反省「辨識」一字的各種意義，就會對軟體辨識不像程式工程師的面孔這麼緩慢感到心驚。軟體會不會有一天告訴政府人員「我們不認得這個人，她不能登機、刷信用卡、銀行提款或入境美國」？其他程式會不會複製工程師的偏見，否決人們取得貸款或買房子的機會？白人設計的軟體會不會不合比例的叫警察逮捕黑人？這種偏見的可能性很嚇人，但這只是我們能預料的偏見。我們無法預料的程式偏見呢？

喬伊說：「合乎倫理的人工智慧不能有排斥性。」

美國黑人婦女只占科技業勞動力的3%，西班牙裔女性僅1%。女性構成大約科技業勞動力的四分之一，只占有15%的技術性職位——這些數字低得危險又可恥，所以我才對科技業的女性和有色人種這麼熱心，不只因為那是全世界最大的產業，或未來十年內經濟體系會增加五十萬個電腦相關職位，或科技業的多樣化團隊會帶來更多創意和生產力，而是因為這些職務的人會塑造我們的生活方式，我們必須一起決定。

我的意思不是女性應該被放到她們沒有努力就爭取到的科技業職位。我的意思是女性已經爭取到也應該被雇用去做。

我對科技業女性的價值所知，幾乎都是向一位科技業男士身上學的：我爸爸。家父是女性參與數學和科學的強力鼓吹者——不只為了自己女兒，也為了他從事的職業。我說過跟他和家人觀看太空船發射的興奮感，但我小時候同樣難忘的是見到我父親團隊中的某些女性。阿波羅計畫的工作結束後，他參與過太空實驗室、阿波羅－聯盟號測試、太空梭和國際號太空站，而且在每項計畫中都刻意招募女性。每當他能夠雇用女性數學家或工程師，他會在家跟我們分享他的興奮。他說，能雇用的女性不太多，但如果有女性加入，他的團隊表現總是會比較好。

家父在一九六〇到七〇年代開始發現女性的額外價值。當時沒什麼資料支持他的看法，但現在有了——而且很多，令人印象深刻。試舉一例：二〇一〇年有項對於團體智慧的學術研究發現，工作團體的集體智慧跟三個因素有關：團體成員的社交敏感度、團體輪流貢獻的能力，以及團體中的女性比例。至少包括一名女性的團體在集體智慧測試中表現超過純男性團體，團體智慧也跟性別多樣性而非個別成員的智商有更多關聯。

性別多樣性不只對女人好，對每個想要成果的人都好。

要求你需要的東西

那麼我們如何打造為女性拓展機會、促進多樣性、不容忍性騷擾的職場文化呢？雖然沒有標準答案，但我相信聚集朋友和同事創造一個有新文化的社群很重要——尊重現有文化的宏觀目標，但強調實踐的不同方式。

很不幸，創造推進女權的文化面臨一個障礙挑戰：研究顯示，女性的自我懷疑程度可能超過男性，女性經常低估自己的能力而許多男性高估自己。記者凱蒂·凱（Katty Kay）和克莉兒·席普曼（Claire Shipman）對此寫了本書叫做《信心密碼》（*The Confidence Code*）。凱在一段訪談中解釋：「女性經常比男性難以採取行動，因為我們比較趨避風險，我們恐懼失敗的毛病很嚴重，似乎比男性的情況更嚴重。」他們舉個例子：在惠普公司的一份個人紀錄評估顯示，女性只會在自認百分之百符合職位要求才申請升遷，而男性自認符合60％就會申請。

低估自己能力的傾向，對可能有此毛病的人而言，在壓抑女性時扮演了一個角色，很難不去想像那又是想要排擠女性的男性宰制文化的結果。這些力道經常是間接的，可能柔和又隱匿——不直接攻擊女性，而是攻擊最可能挑戰男性的女性的特質與個性。

這個角度似乎受到另一份研究的支持，研究暗示女性的沉默不是因為缺乏自信，而是出於算計。二〇一八年《大西洋》期刊有篇文章引述的研究說，有自信的女性「只在她們也表現出……造福他人的動機時」獲得影響力。如果女性表現出缺乏同理心或利他主義的自信，會面臨「『反挫效應』——因為不遵守性別規範受到社會與職業制裁」。根據另一項研究，因為畏懼這種反挫才讓女性不敢自我主張。

女性可能因為缺乏自信或出於算計比較不敢堅持，但男性宰制文化仍是這兩者的關鍵潛在原因。不要求太多，顯露自我懷疑，不尋求權力，不大聲主張。想要討好人的女性就會受到社會認同。

這些性別期待對我和我認識的許多女性意義重大，因為她們具備的特質導致完美主義——只能努力做到完美以補償低劣感。我很清楚，完美主義向來是我的缺點。簡短表達重大真理的天才作家布瑞妮．布朗（Brené Brown）在她的書《脆弱的力量》（*Daring*

Greatly）中掌握完美主義者的動機與心態：「如果我外表完美，做什麼事都完美，就可以避免或極小化令人痛苦的恥辱、批判與責備感。」

就是這麼回事，我也身在其中。

對我來說，完美主義源自我懂得不夠多、不夠聰明、工作不夠努力的感覺。如果我要參加大家不贊同我的會議，或要向懂得比我多的專家演講，完美主義會刺激我——最近這種事經常發生。當我開始感覺不夠格，完美主義發作，我所做的事情之一就是瘋狂收集資料。我說的不是基本準備，是不該有我不知道的事情的願望驅使下偏執的收集資料。如果我告訴自己不該過度準備，另一個聲音就會說我太懶惰了。爆炸。

到頭來，完美主義對我的意義是隱藏自我，是盛裝打扮讓我想要討好的人離開時不會覺得我沒有他們想像的那麼聰明或有趣，源自不讓他人失望的迫切慾望，所以我過度準備。我發現奇怪的是，過度準備之後我反而沒那麼仔細傾聽，我會搶先說出我準備的任何東西，無論適不適合當下的問題。我錯失臨機應變或妥善回應造成驚喜的機會。我心不在焉，不是真正的自己。

我記得幾年前基金會有個活動，讓我的完美主義大發作。

我們超有創意的基金會執行長蘇・戴斯蒙赫爾曼（Sue Desmond-Hellmann）是科學家、醫師和喜歡逼迫比爾跟我（和她自己）的創意領袖，為基金會領袖們安排了一場不太自在的演練，以培養主管與員工的感情，讓我們很難堪。我答應了第一個上場。

我坐到攝影機前的椅子上（為了讓基金會裡每個人都能事後收看！），拿到蓋住的一疊卡片，我要一張一張翻開來。每張卡片都是基金會員工說過但不想當面告訴我的評論。我的責任是朗讀卡片然後當場在鏡頭前回應，讓大家看到我的反應。他們講得很大膽，尤其最後一張。我翻開來看到上面寫著：「妳好像該死的瑪麗・包萍[3]——簡直各方面都完美無缺！」

正如那天晚餐時孩子們在餐桌上跟我說的，「好痛啊！」

當下因為意識到鏡頭在拍，我爆笑起來——一部分可能因為緊張，一部分因為寫得太直白了，一部分因為我很高興有人認為我做到了。我邊笑邊說：「希望你知道我有多麼不完美。我在人生中許多時候很混亂又懶散，但我努力收拾爛攤子，發揮自己最好的一面，以便幫助其他人發揮他們最好的一面。我猜我必須多扮演的模範角色是坦然接受混亂的能力。或許我該拿出來給人看看。」

當時我是這麼說的。事後回想，我發現或許最好的自我不是修飾過的自我，或許最好的自我是我夠坦白勇敢說出自己的懷疑或焦慮，承認我的錯誤，心情低落就說實話，然後大家對自己的混亂就可以感覺比較自在，那樣的文化比較好生活。那肯定是員工的觀點。我必須繼續跟蘇以及其他人合作，在基金會創造我們能做自己、找到自己聲音的文化。

當我說「我們」，這可不是修辭，我自己也包括在內。如果我沒幫忙在自己的組織裡創造所有男女都能找到他們聲音的文化，那我就還沒找到自己的聲音。我必須做更多才能成為別人的模範角色，就像派蒂對我，還有現在的蘇那樣。我想要創造一個人人可以展現他們最人性、最真實自我的職場——我們都預料與尊重彼此的怪癖與缺點，省下所有浪費在追求「完美」的精力，把它用在我們工作所需的創意上。我們才能放下不可能的負擔，提升每個人的文化。

3 譯注：Mary Poppins，迪士尼電影《歡樂滿人間》的主角。

與家庭生活相容的職場

適合女性的職場不只會原諒我們的不完美，還會適應我們的需求——尤其最深層的人性需求，就是想要互相照顧的慾望。

我們必須創造一個跟家庭生活相容的職場。這需要最高層的支持，或許還要從基層力推。在現代職場形塑員工的生活規則，經常不重視員工在職場外的生活，這可能讓職場成為敵意的地方——因為它讓你的工作和家庭互相競爭，其中一邊非輸不可。

在現代美國，我們把女兒送進為我們的父輩設計的職場——基於員工有個伴侶會留在家裡做家事和照顧家人等無薪工作的假設而設立。即使當年也並非人人如此，現在則幾乎沒人那樣了——除了一個重要群體。社會上最有權力的位子通常被妻子不必出外工作的男人占據，那些男人可能不太了解他們底下員工的生活。

二〇一七年，美國勞動力的將近半數員工是女性，家有未成年子女的美國女性七成在勞動力之中。這些家有小孩的女性大約三分之一是單親媽媽。

家裡有專職主婦打理的老式假設對單親爸媽尤其嚴苛。這不只是個人問題，也是全美與全球的問題。人口在老化，美國與全世界皆然，而照顧衰老父母的任務不成比例的落在女人身上，更加重已經存在於無薪工作的性別不平衡。

當人們被工作與家庭的需求拉扯，可能減損家庭生活的樂趣。我們需要雇主了解我們對家庭的責任，家裡發生危機時我們希望職場能有同情心。

我回想在微軟當主管的時期，有好多時候我原本可以更努力讓公司文化對員工家庭更寬厚一些，但我在這方面的領導力不太強，所以我希望讀者原諒我在此說個我做對的故事。

將近三十年前的某一天，有個在我團隊裡工作了一兩年、很有才能的人往我的辦公室探頭：「妳有空嗎？」

「當然，」我問：「有什麼事？」

「我想告訴妳我弟弟生了重病。」

「真遺憾。我可以問什麼病嗎？」

「他得了愛滋病。」

他要有多大膽量才敢開口。在九〇年代初期，當時對於愛滋病還有很多無知與汙名，我盡力表示同情，無法多幫忙也感覺不太舒服。他告訴我一些他弟弟的事，講完他想說的話之後，他站起來說：「謝謝妳聽我講。」然後走出我的辦公室。

我推敲了我們的對話好幾天，逐漸領悟他為什麼要告訴我。我說過，當年微軟是個特別操勞的文化，非常緊繃又競爭，很多人不度假，我們大多數未婚，也幾乎沒人生小孩。我們都在短暫的剛成年階段，幾乎沒人需要我們，所以沒有什麼私人事情耽擱工作。那位年輕人的表現特別傑出，所以我想他心裡其實很擔心，他被困在家庭和工作之間，但他兩者都喜歡。我想他認為如果告訴我實情，萬一危機來襲讓他績效下滑時我不會對他不利，因為他對兄弟忠誠，希望花時間多陪他。

大約一週後，我在走廊上看到他，把他叫進我辦公室。他問：「怎麼了？我做錯什麼事嗎？」

「我一直在想——專注在我們今年前十名的經銷商對你會很重要。」當年軟體還是透過零售店販賣的。

「喔，沒錯，我正在做。我拿名單給妳看。」他讓我看名單，他已經把經銷商都排好名次。

「具體上，我想你最好專注在 Fry's Electronics 公司。」

「喔，是啊，他們在前十名內。我已經在做了。」

他沒聽懂我的意思，所以我又說了一次：「不，我認為 Fry's 很重要。我們必須培養跟他們的關係，你隨時有需要過去就去。我不需要知道細節，放手去做。」

Fry's 或許在他名單的中段，沒有上升或下降，所以我猜他沒聽懂我想強調的。但他突然頓悟，眼中泛淚，點頭說：「我會的。謝謝。」然後走出我的辦公室。

我們再也沒提起這件事。不需要。我們都知道怎麼回事，我們在創造自己的小文化。Fry's Electronics 就在他弟弟住的灣區，我希望他知道公司默許他隨時可以去探望。早在有那個名稱之前，他和我就隨機應變創造出有薪家庭照顧假和病假了。

有薪家庭照顧假與病假讓大家在必要時能夠照顧家人與自己。我們當時得隨機應變是因為公司還沒有相關政策，國家也沒有。現在公司有了，但美國政府還是沒有。容我重申我在第七章的論點，我希望其他人也一起重申：美國是全世界僅剩七個不提供有薪產假的國家之一——其餘是巴布亞紐幾內亞、蘇利南和一些島國。這是美國在滿足家庭需求方面遠遠落後其他各國的驚人證據。

我是有薪家庭照顧假與病假的鼓吹者，因為效益巨大又長遠。很不幸的，我們手邊沒有有薪假帶給家庭各種好處的資料，但我們可以量化某些效益。有薪育嬰假跟降低新生兒與嬰孩死亡率、提高哺乳率、減少產後憂鬱症、新手爸爸扮演更積極的實務角色都有關。如果生小孩能請有薪假，母親們比較可以留在勞動力之中贏得更高薪資；如果男性能請假，家事勞動與照顧重分配可以持續到他們回來上班以後。

美國缺少有薪假，是仍然苦於性騷擾、性別偏見和普遍漠視家庭生活的職場文化症狀。這些問題被一個現實惡化——具有權力職位的女性不足。男性宰制的文化比較可能強調有薪假的短期成本，並把長期效益極小化。重視家庭生活責任的職場有巨大的個人效益，那些個人效益也會轉變為社會與經濟效益。不幸的是，具有權力職位的女性不足，讓文化塑造的工作落入比女性不懂也感覺不到家庭需求的男性手中，那些效益變得不算數。

這對我們是個巨大挑戰。女人尤其難以要求金錢、權力、升遷或更多時間陪伴家人，甚至假裝我們不需要這些東西比較輕鬆。但如果我們因為自己的需求而尷尬，不符合我們需求的職場文化就會持續。這現象必須改變，如果我們要做自己，必須集體反抗，在不希望我們擁有的文化中要求我們需要的東西。這才是創造符合每個勞工需求的文化的唯一辦法。

我們在全世界目睹性別不正義時，要批評很容易，但我們也必須在大多數人感受得到又能夠處理的地方發現問題——那就是我們工作的地方。

第九章

讓你心碎：團結的提升

在本書前段，我說過我特別跑了一趟瑞典，去跟漢斯・羅斯林做最後一次談話。在最後這章，我想告訴讀者他說了什麼。

當時是二〇一六年，漢斯羅患癌症，來日無多，他正在撰寫的書在他去世後由他的兒子和媳婦接手完成。我跑到他瑞典南部的家裡，漢斯和他太太艾格妮塔邀我到廚房坐下來跟他們吃早餐。漢斯和我都知道那是我們最後一次見面了。

照例，他為我準備了一場演講。他以前對我說過——但如果你在人生終點沒有老調重彈，你就沒搞清楚什麼才是真實。漢斯知道什麼是真實，他希望最後一次把他的人生智慧傳授給我。

他拿出一張紙，放在我們餐盤之間的桌面上說：「梅琳達，如果妳只記得我跟妳說過的一件事，那就是記住妳必須去找活在邊緣的人。」他拿出筆在中央畫了兩條垂直交叉線。然後畫了一條河經過交叉點，他說：「如果妳住在交叉路口或河流附近，那就沒問題。但妳要是住在邊緣」——此時他用筆指出紙的四個角落——「世人就會遺忘妳。」

「梅琳達，」他告訴我：「妳不能讓世人遺忘他們。」

他邊說邊掉眼淚，這是他畢生的熱情和執著，他在要求我接棒。

那天漢斯畫的地圖顯示貧窮地理學，極貧人口住在遠離人際連結的旅遊與貿易流量之處。但漢斯會同意還有另一種貧窮的社會地理學，人們可能住在大都會之中，但仍被孤立於生活潮流之外，這些人也是住在邊緣。我希望再告訴讀者某些住在最邊緣的女性的事——印度的性工作者團體，她們證明了當女性組織化，可以克服本書中描述的每個障礙。她們可以轉移河流讓它流過來。

二〇〇一年，珍四歲、羅瑞一歲，我第一次代表基金會到亞洲出差。羅瑞太小不懂發問，但是珍什麼都想知道。「媽咪要出門一個星期。」我說，然後我停下來，因為我不知該如何向四歲小孩解釋貧窮和疾病。想了一會兒之後，我跟她說了旅程的一部分：我要去探訪沒有家、生病也沒人醫治的小孩。「什麼意思，為什麼他們沒有家？」她問道。

我儘量給她不會刺耳的答案，然後回我的房間打包行李。

幾分鐘後，她拿著一疊毯子跑過來。「這要幹嘛？」我問。「這是我的特別毯子，」珍說：「我想如果那些小孩沒有毯子妳可以帶給他們。」我誇張的謝謝她，我們一起把她的毯子收進行李箱裡。每當我從國外打電話回家，珍就會問：「妳看到那些小孩了嗎？他們喜歡我的毯子嗎？妳會給他們嗎？」

我確實送掉了毯子，但我回程的收穫比我去程還要多——尤其是學會更謙卑。我在泰國認識了一個震撼我世界觀的女性——她擁有約翰霍普金斯大學博士學位，是ＨＩＶ傳染病學專家。她花了幾天陪我巡迴村落，討論怎樣可以減緩ＨＩＶ散播。那是當時全球衛生最急迫的事情，衛生官員都預測將爆發可怕的大流行，其中光在印度就有幾千萬個感染ＨＩＶ的新病例。當年我是全球衛生方面的新手，剛在學習議題。比爾和我知道我們必須對愛滋病採取行動，但我們不知道怎麼辦。我跑那一趟就是想找方法。

在那裡的最後一天，我在寮國和緬甸邊界附近搭船過河，我的新朋友對我說：「妳已經來了幾天，如果妳是生在這裡的婦女，妳會如何讓妳的小孩活命？妳可以做到什麼程度？」

我被這問題嚇了一跳，所以呆滯一會兒試著設身處地。**好吧，呃，我會找工作；但是我沒受教育，根本不識字；但我可以自學識字，可是看什麼書？況且我不會找到工作，因為這裡沒有工作機會；我在偏遠地區。**我努力想答案時她打斷我的思考說：「妳知道我會怎麼辦嗎？」我說：「不知道。妳會怎麼辦？」她回答：「呃，我已經在這裡住了兩年，我知道選項。我會當性工作者，那是我能掙到食物的唯一辦法。」

這句話很令人震驚，但我回想整趟旅程，反省了一會兒之後，發現如果否認的話會更令人震驚。如果妳說，「喔，我絕不會那麼做」，那等於是在說妳會讓妳的小孩餓死——妳不願意盡全力幫他們活下去。妳也說出了別的意思，妳像在說「我比這些人優越」。她在其他衛生危機中跟性工作者合作過，所以她問我的問題另有玄機，是很強力的暗示：「如果妳自認比她們優越，要怎麼跟她們合作？」

我回家後，過了兩年我們基金會在印度發起一個ＨＩＶ防治計畫，仰賴性工作者的領導力。我們稱之為Avahan，這個梵文字彙意思是「喚起行動」——那是個豪賭，不只因為涉及很多人命，也因為我們不太清楚我們在做什麼。沒人曉得。全世界都沒見過這種事：超過十億人的國家面臨致命傳染病，必須跟非常在意種姓的社會中最受鄙視的群體密切合作才能打敗它。通常，我們會發動較小的計畫再逐漸擴大，但是沒時間了；我們必須一開始就擴大規模。它成了世界最大型的ＨＩＶ防治計畫之一，目標是逆轉全印度ＨＩＶ的傳播。

性工作者必須在計畫中扮演核心角色，因為賣春是疾病傳染的重要途徑之一。如果ＨＩＶ帶原者傳染給性工作者，她可能再散播給幾百名顧客，通常是卡車司機，他們又可能傳染給自己的老婆，她們可能在懷孕、分娩或哺乳時把疾病傳給自己的小孩。但是，如果性工作者能夠跟客人交涉使用保險套，性工作者被感染的風險會遽降，傳染別人的風險也是。那就是策略——減少性工作者和顧客之間無防護性交的次數。但這策略遭遇到可能打敗好策略的挑戰：怎麼說服人們放棄一種習慣改採另一種？這會讓Avahan轉變成我所聽過最驚人、最具啟發性的故事——也是我生平學到最重要的教訓。

二〇〇四年一月，Avahan計畫還不滿一年，我去了第二趟印度，那次是跟我靈修團體的成員、我的女性好友們。我們想造訪禱告和冥想的地方看看宗教名勝，我們也想要知道窮人能得到哪些幫助，如果方便的話就順便參與，扮演個短期角色。

我們抵達後住在加爾各答，在早上日出前起床，走過市區到仁愛傳教修女會

（Missionaries of Charity）的總部去，德蕾莎修女就在這裡展開她的工作。在總部有個每天早上修女集合禱告的禮拜堂，雖然我們不全是天主教徒，仍決定到禮拜堂去望彌撒。途中，我們必須跨過睡在人行道上的遊民。在道德上令人痛心——這些都是德蕾莎修女會停下來救助的人。

在禮拜堂裡，我們遇到從世界各地來各處據點當志工的人。彌撒過後，我們走到孤兒院，有人帶我們參觀。接著我朋友們留下來幫員工的忙，我則離開去拜訪一群性工作者討論HIV防治。

至少我**以為**那是我們要談的主題，但是我遇到的女士們想跟我談汙名化，她們的生活有多艱苦。她們也想談自己的小孩，我跟一位叫吉塔（Gita）的女士談到她當時讀國三的兒子，他打算要上大學，她握拳強調她女兒在學校成績良好，未來不會像她一樣當性工作者。吉塔和團體中其他許多婦女講明她們做這工作是為了養活家人，她們沒有其他辦法，但她們決心不讓女兒被迫接受同樣的命運。

除了我們的對話，我對吉塔等人印象最深刻的是她們很想要觸摸與被摸。除了上門的顧客，社群裡沒人想要碰觸性工作者。無論出身什麼種姓，性工作者都是碰不得的。

對她們而言，觸摸就是接納，所以我們擁抱時，她們抱很久。我會見不同性別的性工作者時也一再目睹這個現象，我們談話、拍照、擁抱——她們久久不肯放開。如果我轉身招呼別人，她們會抓著我的衣服或一手放在我肩上。一開始我覺得很彆扭，但是過了一陣子，我融入了。如果她們想抱久一點，我很樂意。

於是我擁抱很多人，也聽了很多故事——強暴與虐待的悲慘故事和關於小孩充滿希望的故事。相處時間結束時，女士們說她們想拍團體照，於是我們勾著手臂拍大合照（後來登在隔天的報紙上）。我覺得這段回憶很感人，我當時已經情緒很緊繃了，接著幾個女士開始用孟加拉腔的英語唱民權運動主題曲〈我們將會克服〉，我哭了起來。我盡力掩飾，因為我不知道她們會怎麼解讀我的眼淚，對我來說，她們的決心和險惡環境之間的對比既啟發人心又令人傷心。

這些女性都是我們的夥伴。她們是印度對抗愛滋病的前線捍衛者，而我們仍不太了解她們的生活有多慘。她們隨時面臨情人與顧客的暴力，那兩者本身也是貧窮邊緣人；還有警察會騷擾、逮捕、搶劫與強暴她們。

她們的悲慘生活對我們在印度的員工也是一種啟發。有一次，我們團隊人員約見四、五個性工作者在餐廳裡喝茶對話。當天稍後，這些性工作者竟然因為在公共場所集會被逮捕。

不久，有個 Avahan 工作人員開車到孟加拉灣附近海邊路上的卡車司機休息站，打聽當地性工作者的生活情況。他跟一群女性會談了幾小時——坐在墊子上喝茶，詢問詳情，什麼才有用？還需要什麼幫助？會議結束，眾人道別時，一名性工作者突然哭了起來。我們團隊人員生怕說了什麼失禮的話，所以趕緊問另一個女人：「我做錯了什麼嗎？」她說：「不是，沒什麼。」他追問之下，女子才說：「她哭是因為你這樣一個可敬的男人跑來見她，禮貌的跟她談話而非買春，她認為有人專程來找她喝茶是很大的光榮。」

另一個故事出自我們的另一位夥伴，一位非常致力於改善當地性工作者生活的女士。她說有一次她在旁陪伴因愛滋病垂死的性工作者，對方問：「妳願意滿足我最後一個願望嗎？」「我會盡力。」她回答。那位性工作者問：「我可以叫妳阿艾嗎？」馬拉地語的阿艾（Aai）是「媽媽」之意，那是她唯一的願望，稱呼臨死前在她身邊的這個慈祥女人為「媽媽」。她們的人生就是這麼苦。

如何開始增強權力

我們設計 Avahan 計畫時沒有把性工作者的生活現實列入考量，因為不覺得有必要。我們希望性工作者向客人堅持用保險套，去治療性病，做ＨＩＶ篩檢——我們以為這就足以告知她們效益，要求她們照做。但是沒用，我們不懂為什麼。我們從未設想什麼事情對她們而言可能比防治ＨＩＶ重要。

「我們不需要你們教導保險套，」她們幾乎大笑著說：「我們比你們更懂保險套。我們需要的是幫忙防範暴力。」

「但那不是我們的工作。」我們的員工說。性工作者們回答：「呃，那麼你跟我們就沒什麼好說的，因為那才是我們需要的。」

於是我們團隊進行辯論，商討該怎麼辦。有人說：「我們重新檢討方法，不然就放棄計畫。」也有人說：「不行，這樣是偏離任務——我們在這個領域毫無專長，不該插手。」

最後，我們團隊再度會見性工作者，仔細聽她們談她們的生活，她們強調兩件事：

第一，防止暴力是她們最迫切的優先事項；第二，畏懼暴力讓她們無法使用保險套。

如果她們堅持用保險套會被顧客毆打；如果她們攜帶保險套也會被警察打，因為這證明了她們賣淫。所以為了避免挨打，她們不會帶保險套。我們終於看出防止暴力與防治ＨＩＶ的關聯，除非先解決被打、被搶、被強暴的近期威脅，否則性工作者無法應付死於愛滋病的長期威脅。

所以與其說「這超出了我們的能力範圍」，我們改說：「我們想要保護妳們免於暴力。我們可以怎麼做？」

她們說：「今天或明天，我們當中有人就會被警察強暴或毆打，這種事常有，要是我們每次出事時都能聚集十幾個人來搭救，警察就會罷手。」於是我們團隊和性工作者們設立一個系統，如果有人被警察攻擊，她撥打三位數密碼，中央電話會響鈴，十二到十五個女人就一起跑到警察局大叫大吵，而且她們會帶著善心律師和記者一起去。如果十幾個女人同時現身大叫：「我們要求立刻放她出來，否則這事明天就會上新聞！」警方會退讓。他們會說：「我們不知情。很抱歉。」

計畫就是這樣，性工作者們照做了。她們設定速撥網路，觸動警報時，所有人都趕去，效果很好。有位性工作者回報她一年前在警察局曾被毆打強暴，新系統建好之後，她回到同一間警察局，警察居然請她坐下來喝茶。這個計畫的消息一傳開，隔壁城鎮的性工作者也跑來說：「我們也要加入那個暴力防止計畫，不是HIV那個。」不久這個計畫就傳遍了全印度。

這個方法為何如此有效？我們印度辦公室的主管阿修克．亞歷山大直白的說：「每個惡霸男人都怕一大群女人。」

我們以為我們在推行HIV防治計畫，但我們遭遇了更有效、更普遍的東西——女人團結一起，找到自己的聲音，為自己權利發聲的力量。我們開始資助給女性增強權力了。

增強權力從聚集開始——而且集會的場地多麼卑微都不重要。Avahan強化女權的場地是社群中心——通常只是用煤灰磚蓋的單一空間小屋，讓女性見面聊天。記住，這些婦女原本沒地方聚會，如果她們公開集會，警察就會圍捕把她們關起來，所以我們團隊重新設計防止暴力的計畫後，他們還開始租空間鼓勵女士們過來聊聊。社群中心成為她們能得到服務的地方，她們可以拿到保險套，她們可以碰面，她們可以睡覺。她們不能在這裡過夜，但白天很多人會躺在地上休息或讓小孩跑來跑去。在某些地方，團隊會加上美容院或玩桌遊的空間。各處中心成為進步發生的地方，點子都來自於那些女性。

據某位 Avahan 初期隊員說法，第一所諮詢中心開幕是「我見過最美妙的事」。有五位女士走進來，害怕會被下藥然後偷走腎臟——那是謠言。但她們聽到的歡迎台詞是：「就互相聊聊，喝杯茶然後離開。」增強權力在 Avahan 就這樣展開——活在社會最邊緣被民眾排斥的人，聚在一起談話喝茶，互相提升。

比爾和我只知道計畫轉為防制暴力，不知道設立社群中心的事，我至今想起來還是想笑。阿修克會到西雅圖與我們碰面並做報告，但我跟比爾直到二〇〇五年一起去印度時才得知全貌。阿修克向我們簡報，解釋我們即將看到什麼，他開始談到這些社群中心，讓性工作者聚會談話的小空間。我記得簡報之後我問比爾：「你知道我們資助了社群中心嗎？」他說：「不知道，妳知道嗎？」

我們把錢給阿修克，他是個精明商人，所以他設定策略據以行動。他做了所有說過要做的事，還有些他沒提過的事。謝天謝地，因為尷尬的實話是，如果他來基金會向我們提報社群中心的點子，我想我們會否決，我們會認為太偏離我們專注創新然後靠別人散播出去的使命，幫忙發送保險套已經偏離創新者靠別人散播的自我形象一大步了，投入藉著在社群中心培養、提升的權力來防止暴力——這對我們來說太激進了，至少我們在那趟印度行、看到它的價值之前是這樣。

那趟探訪，比爾和我會見一群性工作者。基金會辦公室裡掛著一張那次活動的顯眼照片——比爾和我盤腿坐在地上跟眾人圍成一圈。會談開始時，我問其中一名女士：「請告訴大家妳的經歷。」她把人生故事都告訴我們，然後另一位女士說她如何加入性工作者的行列。接著第三位分享的故事讓全場鴉雀無聲，只剩隱約啜泣：她說她是個母親，有一個女兒，孩子的父親失蹤了，她投入性工作是因為沒有其他收入來源，她做了一切犧牲為她女兒創造更好的生活，女兒有很多朋友，學業成績也不錯，不過這位母親總是擔心，等她女兒長大，可能會發現媽媽是怎麼掙錢的。有一天，正如母親恐懼的，她女兒的同學在學校向大家宣布這女生的媽媽是性工作者，朋友們開始不斷惡毒的用最殘忍的方式嘲笑她。幾天後，媽媽回家時發現女兒上吊自殺身亡。

我看了一眼比爾，他哭了，我也是，現場每個人都是——尤其是舊瘡疤被這個故事掀開的女士們。這些女人很痛苦，但她們也充滿同理心，撫慰她們的孤立。藉著聚會與分享經歷，她們得到歸屬感，歸屬感給了她們自我價值感，自我價值感又帶來勇氣讓她們團結一起要求自己的權利。她們不再是外人，她們是局內人。她們有家人也有家。慢慢的，她們開始破除社會強加給被削權者的幻覺：因為她們被剝奪了權利，她們沒有權利；因為沒人肯聽她們的話，她們講的就不對。

布瑞妮．布朗說，勇氣的初始定義是讓我們自己被看見。我想，讓自己被看見最純粹的方法之一，就是要求我們想要的東西——尤其沒人想要給我們的時候。我面對這種勇氣會陷入沉默，這些女士在彼此的幫助下卻找到了那股勇氣。

Avahan 的影響變得遠遠超過第一批女士的成就，故事重點不只在於接納和社群如何強化一批被遺棄者，也在於那些被遺棄者為她們的國家做了什麼。讓我再給大家舉兩個例子。

第一，許多年前，大概是比爾跟我去印度的同時，我們在探索對抗愛滋病的不同方法，我們對一個新可能性超興奮的——治療愛滋病的有效藥物也可能用在預防愛滋病。我們幫忙資助藥物來測試檢驗這個概念，測試結果有驚人的發現：口服預防藥可以把透過性交感染ＨＩＶ的風險降低超過90％。愛滋病社群最大的希望被實現了，接著卻又破滅。

因為這個方法必須讓健康的人天天服藥，偏偏有風險的群體絕不會這麼做。無論多麼有效，讓大家採行任何的健康新行為都困難得令人洩氣。人們必須願意投入、被告知、又有強烈動機。很遺憾，愛滋病防治人士、金主、政府和衛生人員就是無法讓民眾乖乖服藥。全世界只有兩個群體例外：美國白人男同性戀……還有印度的女性性工作者。

有項研究顯示94％的印度性工作者老實的持續服藥。這種程度的配合在全球衛生史上前所未聞——研究把它歸功於Avahan計畫中婦女創造的堅強網絡。

那是第一個例子，下面還有第二個。二〇一一年，英國醫學期刊《刺胳針》刊登一篇文章顯示，Avahan的工作強度跟印度某些人口密集邦的HIV氾濫率較低有關。之後的幾年，也記載性工作者向客戶堅持使用保險套能阻止這種病傳染給更多人。這些被提升權力的女性成為拯救千百萬人命的全國性計畫中不可或缺的夥伴。

在一個沒人願意接觸她們的國家，這些女士互相接觸，在那個接納彼此的小社會中，她們開始發現與恢復她們的尊嚴，尊嚴帶來了要求自身權利的意志，堅持自己的權利，她們就能夠保護自己的生命並且拯救國家免於大災難。

找到我們的聲音

Avahan 計畫帶我走上增強婦女權力之路的十幾年後，我在紐約市主持一個婦女社會運動的委員會。來賓之一是神奇的雷瑪．葛波薇（Leymah Gbowee），她曾和艾倫．強生．瑟立夫（Ellen Johnson Sirleaf）與塔瓦可．卡曼（Tawakkol Karman）共同獲得二〇一一年的諾貝爾和平獎。雷瑪跟艾倫被認證共同發起協助終止賴比瑞亞內戰的婦女和平運動。

有時候我在工作中——即使我自認知道在幹什麼——發現其實我並沒有深刻了解各方力量的運作，直到行動結束。然後，很多年後回顧才說：「喔！！我懂了。」那天雷瑪就是告訴我這些——不只理解她的和平運動，還有它的原理如何說明 Avahan 等許多計畫成功的原因。

雷瑪說她十七歲那年，國家爆發第一次內戰。第一次內戰結束後到第二次爆發之間，她研究和平運動與心理創傷治療，逐漸認為「如果社會要有什麼改變，必須由母親們來做」。

她受邀到迦納參加史上第一次婦女和平建構網絡（Women in Peacebuilding Network）

會議，該組織幾乎包括來自各西非國家的婦女。雷瑪被委任為賴比瑞亞婦女倡議的主導者，第二次內戰爆發後，她開始全天候努力推動和平運動。某天晚上，在辦公室睡著之後，她醒來時記得夢中有人告訴她，「聚集婦女們為和平禱告」。

她週五去清真寺、週六去市場、週日去教堂招募參加和平運動的女性。她號召了幾千個穆斯林和基督徒婦女，帶領遊行和靜坐抗議，抗拒解散命令，最後受邀去向賴比瑞亞總統查爾斯．泰勒（Charles Taylor）提出和平倡議，同時總統官邸外還有幾千名婦女示威。泰勒不太情願的答應她在迦納首都阿克拉跟叛軍舉行和談。

為了保持施壓，雷瑪和其他幾千名婦女前往阿克拉，在和談會場的飯店外面示威。進度停頓時，雷瑪就帶著幾十名婦女進飯店去，同時有更多婦女陸續趕來，直到湊足兩百人。她們都坐在會議廳門口，傳話給主持人，在男人們談出一個和平協議之前休想叫她們離開。

擔任主持人的奈及利亞前總統阿不都薩拉米．阿布巴卡（Abdusalami Abubakar）也支持這些婦女，允許她們待在會議廳外施壓。這些女士贏得把和談氣氛從「耍猴戲變嚴肅」的功勞。幾週之後，各方達成協議，戰爭正式結束。

兩年之後，艾倫．強生．瑟立夫當選賴比瑞亞總統，成為非洲第一位民選的女性國家元首。

多年之後，雷瑪跟我在紐約坐下談話時，我問她為什麼她的運動那麼有效。她說：「在這些社群的女人都是社會的養育者，全靠我們來造成改變。」

她說，二〇〇三年時，賴比瑞亞「已經經歷過至少十四個交戰派系，搞出至少十三次和平協議。我們告訴自己，『男人老是搞同樣的把戲。我們必須在過程中加入一些理性，與其創立女人的交戰派系，不如展開女人的和平運動吧』。」

然後她告訴我們箇中意義的一個驚人故事。

「有個在戰爭中失去女兒的穆斯林婦女，」雷瑪說：「她是我們組織的一員。她餵食一個身負多處槍傷的戰士時，他認出她並說，『扶我坐起來。』她照做之後，他問她，『妳女兒呢？』她回答，『喔，她死了。』戰士說，『我知道。』她問，『你怎麼知道？』他說，『因為是我殺了她。』」

「她哭著回到辦公室之後，我們問她，『所以妳不繼續餵他了嗎？』她說，『不。和平不就是這個意思嗎？況且，當下我知道我還可以回來找姊妹，我們可以一起哭。』」

這個婦女運動成功帶來和平，而男人的交戰派系不能嗎？雷瑪的故事說明了一切。婦女們受傷時，她們可以吸收自己的痛苦不傳遞給別人，但是男人受傷時，他們必須找人報仇。戰爭循環就是這樣形成的。

我**不是**說唯獨女人有締造和平的力量，唯獨男人是戰爭的原因。**絕對不是**。我的意思是在此案例中，婦女能夠吸收她們的痛苦而不傳遞給別人，男人則否——**直到他們被女人超越！**當女人找到自己的聲音，男人也找到他們締造和平的力量，男女各自在內心找到對方的傳統屬性，男人能夠做女人做過的事——同意不報復，而女人也能做男人做過的事，就是堅持她們認為社會該如何運作的觀點。把這兩種特質合在一起，就能帶來和平。

許多成功的社會運動是由同樣的組合驅動——強烈的積極行動與承受痛苦不傳播的能力。能結合兩者的人就能找到道德力量的聲音。

雷瑪那位回來找姊妹哭訴的朋友，和所有接受痛苦而不傳遞出去的女性，不只是分享她們的哀傷，也找到了聲音——因為她們的聲音埋藏在她們的哀傷底下。如果我們能面對痛苦，我們就能找到自己的聲音。大家一起面對痛苦，找到我們的聲音就容易多了。

當女性困在受虐或被孤立於其他女性之外，我們無法成為對抗暴力的力量，因為我們沒有聲音。但是當女性互相聚集，互相接納，互相訴說我們的經歷，互相分享我們的哀傷，**我們就互相找到了自己的聲音。**我們創造一個新文化——不是強加在我們身上，而是我們用自己聲音和價值觀建立的。

一開始我懷疑，感受我們的哀傷和找到我們的聲音之間有何關聯，我心想，**不可能。如果你必須感受你的哀傷才能找到聲音，那為什麼無法不散播痛苦的人音量那麼大？**後來我忽然想到：音量大跟堅強的聲音有很大的差別。沒有心靈生活又疏遠自身哀傷的男人大聲說話，但絕對不是正義的聲音；那是自利、宰制或復仇的聲音。為了自由與尊嚴的堅強男性聲音來自甘地、金恩博士和曼德拉那種熟悉自己的痛苦、放棄報復又宣揚原諒的男人。

尼爾遜．曼德拉曾經被問到出獄之後是否還對囚禁他的人生氣，他的回答是，他生氣了一陣子，但他發現如果一直生氣，他就仍然是囚犯——他希望自由。

當我想起虐待女性的男性，我不想原諒他們，感覺好像太便宜他們了，我也不想讓他們逃過任何責任。我完全支持採取所有可能的步驟保護無辜，包括逮捕罪犯和實踐正義。但正義不表示報復。

南非真相與和解委員會的主席屠圖主教讓該國在後種族隔離時代免於報復氾濫，對於報復心理提議了這條路：「我受傷時，我痛苦時，我對某人因為他們傷害我而生氣時，我知道終結這些感覺的唯一方法是接納他們。」

用非暴力行動服務窮人與遊民的天主教社運人士桃樂絲·黛（Dorothy Day）說，最大的挑戰是「如何引發內心的革命」。我從全世界社會運動中的女性學到的教訓是，要引發內心革命，你必須讓自己心碎，讓自己心碎意思是沉浸在憤怒之下的痛苦。我就是這樣理解「不要與惡人作對」[4]的經文教誨。我不認為這表示「讓路給世界上的惡人」，我認為這表示「不要抗拒感覺；接受苦難」。如果你不接受苦難，受傷可能轉變成仇恨。這是基督的生涯對我的意義。高階教士想要馴服耶穌，盡一切手段傷害他羞辱他，但他們失敗了。他吸收痛苦的能力超過了他們加害的能力，所以他能用愛回應他們的仇恨。

對我而言，不論有無宗教基礎，這是所有非暴力社會運動的模範。反抗的最激進方法就是接受——接受的意思不是接受世界的現狀，而是接受我們痛苦的原貌。如果我們拒絕接受自己的痛苦，那我們就只是想讓自己好過一點——當我們的隱藏動機是讓自己好過，可能以正義之名造成的傷害是無窮的。偉大領袖從不結合正義的呼喚與報復的號召，能掌握自身痛苦的領袖們議題中沒有自利，所以他們的聲音迴盪著道德力量。他們不再是述說**他們的**現實。他們說的就是真理。

讓自己心碎的力量不只是放在別人身上欣賞的東西，我們所有人都必須讓自己心碎——這是關懷遭受苦難者的代價。十幾年前，我跟一個極受敬重的美國醫師去了南非，我們到約翰尼斯堡附近的小鎮拜訪某個垂死愛滋病患的家。屋主顯然疲憊又痛苦，但他大方告訴我們他的經歷時，醫師站起來離開。他找了藉口，但我知道他的理由，恐怕垂死病患也知道。那位醫師主要專注在研究工作，無法忍受看見這個人一生的悲慘現實。但如果你無法忍受鄰人苦難的痛苦，那麼在某方面，你會把對方推向邊緣。

每個社會都說問題出在局外人身上，但我覺得局外人不是問題，製造局外人的慾望才是問題。克服那個慾望是我們最大的挑戰與最大的承諾。這需要勇氣和洞察，因為我們推向邊緣的人就是引發我們內心恐懼感的人。

---

4 譯注：Resist not evil，馬太福音第五章三十九節。

孤立別人來舒緩我們的恐懼，是我們所有人內心深處的慾望，我們要怎麼扭轉它呢？

我們是一體的

如果全人類有個共通點，那就是我們都在人生的某個時候當過局外人——即使只在童年的遊戲場上。沒有人喜歡那樣。我們受夠了就會懼怕它。不過即使有此體驗，很多人還是不知道被完全排擠是什麼感受。

所以我深受我媽最喜愛的書，亨利．諾文（Henri Nouwen）的《蒙愛者的人生》（*Life of the Beloved*）裡一段話吸引。諾文是個腦如天才、心如聖賢的天主教神父，他在聖母院、哈佛和耶魯大學任教，但是晚年住在殘障者之家，他的工作包括協助重度殘障者晨間如廁。

諾文在《蒙愛者的人生》中寫道：「在我自己的社區裡，有許多嚴重傷殘的男女，最大的苦難來源不是傷殘本身，而是伴隨的無用、無價值、不受欣賞與疏離的感覺。接受自己無法講話、走路或進食，比接受無法具備對他人的特殊價值容易多了。我們人類可以非常堅定的承受巨大的剝奪，但當我們察覺自己不再有任何東西可以給別人時，我們會迅速喪失對人生的掌握。」

我們都希望有東西可以給別人，這是我們的歸屬感，我們藉此感受連結，所以如果我們想要接納每個人，我們就必須幫助每個人為了社群的良善發揮他們的天賦，善用他們的才能。這就是接納的意義──人人都有貢獻。如果他們需要協助去成為貢獻者，那我們應該幫忙，因為他們都是支持所有人的社群的一分子。

當女人團結一起

本書中的每個議題，都是女性為了成為完整貢獻者必須跨越的門檻，或必須打破的高牆──決定是否與何時生小孩？要嫁或不嫁？尋求機會、上大學、控制我們的收入、管理我們的時間、追求我們的目標、在職場──任何職場升遷的權利。為了受苦於貧窮和社會各階層被男性權力者排擠或恫嚇的女性，女性必須聚集、交談、組織化與領導──才能夠為每個人打破高牆、跨越門檻。

我一輩子都參與女性團體，只是有時候我太晚才發覺，我就讀的女子高中是個大型女性團體。在大學和研究所，我找出我敬仰的女性，尤其是在女性很少的地方。成年之後，我培養跟生活中每個領域——職業的、私人的、心靈的——女性友人的關係。我向來有很多重要的男性朋友，他們對我的幸福也是不可或缺，但是面臨恐懼需要朋友幫我克服時，我總會回到女性友人身邊，尤其是女性團體，她們陪我走過了每條成長道路。我相信女性團體對每一個人很重要，但對整體社會也是——因為進步要靠接納，而接納始於女性。

我不是說我們應該接納女性**反對**男性，而是**伴隨她們**、**代表她們**。重點不是把女性拉進來忽略其他人。而是把女性拉進來做為納入**每個人**的方法之一。

女性必須離開邊緣，站穩我們的位置——不是高於或低於男性，而是在他們旁邊——在社會的中央添加我們的聲音，做出我們有資格也有權做的決定。

這會遇見很多阻力，但權力鬥爭不會帶來長久的進步，進步來自於道德訴求。當我們從偽裝的背後揪出性別偏見，越來越多男女會在他們不曾懷疑的地方看出偏見並且反對，我們就這樣改變隱藏在我們沒發覺的偏見的規範。我們**看到**，而且我們要終結偏見。

改變一個奠基於排擠的文化不容易，也很難跟想要宰制的人合作。但我們沒有選擇。我們不能把局內人變成新的局外人，再稱之為改變，我們必須接納每個人，甚至那些想排擠我們的人，這是建立我們理想生活的世界的唯一辦法。別人用他們的權力把人推出去，我們必須用我們的權力把人拉進來，我們不能再助長更多交戰派系，我們必須終結派系。這是我們團結一體的唯一方法。

後記

我從本書一開始就說平等可以強化女性的力量，有權力的女性會改變世界。但是在最後（這已經是書的最後了）我必須承認，對我而言，平等是個里程碑，並不是巔峰。

人類的最高目標不是平等而是連結，人們可能平等但仍然孤立——感覺不到連結眾人的情感，沒有情感的平等就沒意義了。當人們有連結，他們感覺互相交織。你中有我，我中有你。如果你難過我就無法快樂，如果你輸我就無法贏。如果有人受苦，我們一起承受。這就模糊了人際界線，流過那些界線漏洞的就是愛心。

愛心讓我們合而為一。

這可以終結把別人推出去的慾望。目標在此。目標不是讓每個人平等，目標是讓每個人有連結，目標是讓每個人有歸屬，目標是讓每個人被愛。

愛是提升我們的力量。

當我們團結一起，我們一起提升。在我們一起建立的世界裡，人人都提升。沒有人因貧窮而遭到剝削，或因為弱小而被排擠。不能因為你生病、衰老、不是「正確」種族，或信仰「錯誤」宗教，或你是女孩、女人，就被汙名化、羞辱、貼上低劣標籤。天下沒有錯誤的種族、宗教或性別。我們丟掉虛假的界線，我們可以無限制的愛別人，我們在別人身上看到自己。我們待人如己。

這就是提升的時刻。

如果我自認為疏離或優越，如果我為了提升自己拉下別人，如果我認為別人在走我已經完成的旅程，做我已經熟練的個人工作，嘗試我已經完成的任務——如果我稍微感覺我比他們優越而不想要跟他們一起提升，那我就把自己孤立於他們之外，斷絕我自己提升的時刻。

前面我說過珍和我在坦尚尼亞的寄宿家庭遇到安娜的事，因為她讓我留下很情緒化的印象，我家牆上掛著她的照片，每天都看得到。我說過很多我跟安娜的情感連結過程，但我保留了一件事現在才要告訴讀者。

當我追蹤她一整天的勞動過程，想要幫忙或至少別礙事時，安娜跟我談到我們的人生，後來她敞開心胸——女人經常這樣。她透露了她婚姻中的一次危機。

安娜和薩納雷結婚後，安娜從娘家移居到薩納雷的地區，氣候比較乾燥，所以農耕與找水更辛苦。安娜走到水井要十二哩——單程喔。她適應了這個額外工作，但第一個小孩出生後，她再也受不了，她收拾行李，帶著小孩坐在家門口等待。薩納雷從田地回到家，發現安娜準備好要離開了，她說她要搬回娘家住，因為在他家鄉生活太辛苦了。薩納雷很傷心，問要怎麼做才能讓她留下。

「去打水，」安娜說：「讓我有空照顧兒子。」於是薩納雷打破馬賽族傳統走去水井取水。後來，他買了腳踏車騎去打水。其他男人嘲笑他做的是女人的工作，他們說他被老婆下咒了，但是薩納雷很堅強。他沒有退縮。他知道這個新任務會讓他兒子更健康，老婆更快樂，這樣就夠了。

過了一陣子，有些男士決定加入薩納雷的行列，然後他們很快就厭倦了騎二十四哩路去打水，他們說服全村一起在村外建造集水區收集雨水。我聽著安娜的故事，因為她有勇氣挺身反抗社會的傳統，薩納雷也這麼做，令我心裡充滿了愛。她採取明知不是會摧毀婚姻就是會強化婚姻的立場，我感覺她對我有股無法言喻的情感。我們是共通的，形成我們兩人臨時的女性團體，在獨處時才尷尬的想來此幫忙的富裕美國婦女也有些自己的性別平等問題必須面對，有她必須改變的文化。這不是我在幫助安娜，是我在聽安娜說，安娜在啟發我。我們兩個來自不同世界的女人，在世界的邊緣相會，召喚一個提升的時刻。

致謝

剛開始寫這本書時，我只知道我想分享認識的女性的故事和從她們身上學到的東西，沒想到在寫作過程中我學習更多，也成長更多。我的虧欠與感激無窮無盡。

Charlotte Guyman、Mary Lehman、Emmy Neilson 和 Killian Noe，妳們為我定義了友誼。謝謝妳們鼓勵我寫這本書，幫忙閱讀草稿並提供意見，教導我女性支持與友誼的力量。

我靈修團體中的女士們，謝謝妳們滋養我的心靈，幫我深化信仰。我對妳們感激不盡。

我在全世界的許多老師們，尤其是歡迎我進入他們的家庭與社區，告訴我他們的夢想，教我他們如何生活的女士（和男士）——我從內心深處感謝你們。我特別感謝安娜和薩納雷，克利希和嘎瓦納尼，還有不只邀請我和小孩去他們家，還讓我們住了幾晚的孩子們。那是我收穫最多的訪視了。

我人生中有幸認識一些男女，教導我能夠終生受用的真理——我的高中老師，尤其是 Susan Bauer 和 Monica Cochran；我在信仰與行動方面的老師，尤其是 Richard Rohr 神父和 Sudha Varghese 修女；我在全世界創造改變的精神導師和模範角色，尤其是漢斯・羅斯林、Bill Foege、吉米和蘿絲琳・卡特、Paul Farmer、茉莉・梅爾欽、派蒂・史東席佛和 Tom Tierney。我對他們的虧欠無窮無盡。

若沒有這些年來為我的家庭貢獻良多的照顧者的美好支持，我在上班、旅行和離家時幫忙照顧我的小孩疏解我的憂慮，我絕不可能做到這些工作。我怎麼表達我的感激都不為過。

Sue Desmond-Hellmann、Mark Suzman、Josh Lozman、Gary Darmstadt 和 Larry Cohen 在許多方面一直都是傑出的同僚。我感激他們所做的一切，也謝謝他們閱讀本書草稿並提供見解。

我要感謝 Leslie Koch 從概念發想開始一路管理寫書計畫；George Gavrilis 和 Ellie Schaack 的研究與輔助；Julie Tate 的原稿事實查證工作。

我無可取代的朋友兼同事 John Sage 說服我寫這本書是個好主意，我可以擠出時間，別人可能想要聽我從工作中認識的男女身上學到的教訓。我對約翰的遠見與忠告無限感激。

華倫・巴菲特在想像得到的每個方面一直是慷慨的朋友，堅定的相信女性，在我決定成為公眾社運人物時不斷鼓勵。他是終生的導師，我怎麼感謝他都不夠。

我虧欠樞紐創投公司的整個團隊，尤其是 Haven Ley、Ray Maas、Catherine St-Laurent、Amy Rainey、Courtney Wade 和閱讀本書並幫我修飾的 Windy Wilkins——還有陪我跑過很多地方，幫忙記錄我們認識的女性經歷的 Clare Krupin。

Paola Quinones、Megan Marx、Michele Boyer、Abby Page、Amy Johnston 和 Melissa Castro 提供完美無瑕的後勤協助，如同 Carol Stults、Joseph Janowiak、Kelly Gilbert 和 Sheila Allen。

Flatiron 出版公司的整個團隊不可思議的一路熱心又支持——特別是 Bob Miller、Amy Einhorn、Nancy Trypuc、Marlena Bittner、Amelia Possanza、Cristina Gilbert、Keith Hayes、Alan Bradshaw 還有 Whitney Frick。

我的責任編輯、無可比擬的 Will Schwalbe，是整段寫書體驗對我而言的重點。Will 不只給我指引，還有智慧——用簡短故事分享畢生的知識，幫我撐過艱難的時刻。他的洞見與編輯讓這項工作充滿樂趣。

我對 Tom Rosshirt 萬分感激，少了他我就寫不出這本書。Tom 全程督促我專注在我想完成的事情，在無數方面幫助我，他是個聰明的寫作夥伴也是直覺敏銳的朋友。

最後，我要感謝我的家人不只鼓勵我寫這本書，還啟發當初讓我展開這項工作的愛心與價值觀。我的父母讓我童年深深浸淫在信仰與愛心的價值中；我姊姊蘇珊和弟弟雷蒙、史蒂芬跟我分享一切，尤其愛心與歡笑；我的子女珍、羅瑞和菲比不斷啟發我成長；還有我的丈夫兼終生搭檔比爾，我生平最重要的教訓都是跟你學來的，你對我成長的信心，你的積極學習慾，對世界與我們一起工作的樂觀，都是我人生最大的持續動力，我對你在所有人生冒險中同心協力的感激無法以筆墨表達。

讀者可支持的組織資源指南

我在底下列舉了你在本書中看到的一些組織名單。如果你認同他們的計畫，可以造訪他們的網站，查看可以如何用你的聲音推展他們的工作。

孟加拉鄉村進步委員會（Bangladesh Rural Advancement Committee）▼ www.brac.net

BRAC的使命是在貧窮、文盲、疾病和社會不公義的情況下為民眾與社群強化權力。

CARE ▼ www.care.org/ourwork

女性是CARE的重要一環。他們以社區本位為所有人改善基礎教育，增加優質醫療服務與拓展經濟機會。

家庭計畫 2020 ▼ **www.familyplanning2020.org**

FP2020 跟各國政府、公民社會、多邊組織、捐獻者、民間部門合作，研究與發展社區以促成一億兩千多萬名女性在二〇二〇年之前使用避孕用品。

女孩不是新娘 ▼ **www.girlsnotbrides.org**

女孩不是新娘是來自九十五個國家、一千多個公民社會組織的全球性聯盟，致力於終結童婚並幫助少女們發揮潛能。

卡肯亞之夢 ▼ **www.kakenyasdream.org**

卡肯亞之夢促進少女教育，為少女提升權力並轉化鄉村社群。

瑪拉拉基金 ▼ **www.malala.org**

瑪拉拉基金致力於創造一個所有女孩都能學習與領導的世界。

#MeToo 運動 ▼ www.metoomvmt.org

「me too」運動支援性暴力受害者與他們的盟友。

人口委員會 ▼ www.popcouncil.org

進行研究與計畫以處理五十多個國家的嚴重衛生與發展問題。

普拉丹 ▼ www.pradan.net

普拉丹在印度最貧窮的地區設法幫助脆弱的社區組成團體，尤其女性，讓她們能賺取合理收入並支援她們的家庭。

薩克夏姆 ▼ www.community.org.in/story

社區賦權實驗室（The Community Empowerment Lab）是在社區駐點的全球衛生研究與創新組織，總部在印度的北方邦，從第二章描述的薩克夏姆計畫衍生出來的。

救助兒童會 ▼ www.savethechildren.org

救助兒童會在全球運作，啟發全世界對待兒童方式的突破，以達成兒童生活中立且持續的改變。

托斯坦 ▼ www.tostan.org

托斯坦是以非洲為主的組織，直接與各鄉村社區合作進行他們自己的開發。

關於比爾與梅琳達．蓋茲基金會的詳情，請登錄 **www.gatesfoundation.org**。

欲知我們可以如何一起合作提升全世界的女性，請登錄 **www.momentoflift.com**。

梅琳達會把本書銷售而來的所有酬勞捐贈給上述的所有組織。

提升的時刻

The Moment of Lift：

How Empowering Women Changes the World

作者：梅琳達・蓋茲（Melinda Gates）
譯者：李建興
總監暨總編輯：林馨琴
責任編輯：楊伊琳
行銷企畫：趙揚光
封面設計：張士勇
內頁排版：邱方鈺

發行人：王榮文
出版發行：遠流出版事業股份有限公司
地址：臺北市 10084 南昌路二段 81 號 6 樓
電話：（02）2392-6899
傳真：（02）2392-6658
郵撥：0189456-1
著作權顧問：蕭雄淋律師

2019 年 9 月 1 日　初版一刷
新台幣定價 380 元（缺頁或破損的書，請寄回更換）
ISBN 978-957-32-8628-8
版權所有・翻印必究　Printed in Taiwan
遠流博識網　http://www.ylib.com　E-mail: ylib@ylib.com

The Moment of Lift
Text Copyright ©2019 by Melinda Gates
Published by arrangement with Flatiron Books through Andrew Nurnberg Associates International Limited. All Rights Reserved.

國家圖書館出版品預行編目 (CIP) 資料

提升的時刻 / 梅琳達 . 蓋茲 (Melinda Gates) 著 ; 李建興譯 . -- 初版 . --
臺北市 : 遠流 , 2019.09
面 ;　公分
譯自 : The Moment of Lift:How Empowering Women Changes the World
ISBN 978-957-32-8628-8(平裝)
1. 女權 2. 女性主義 3. 平等
544.52　　108012921